SOUL AND DESTINY

Why You Are Here and What You Came To Do

アラン・コーエン＝著
赤司桂子＝訳

魂と運命

あなたは、なぜここにいるのか、何をしに来たのか

ナチュラルスピリット

SOUL AND DESTINY
by Alan Cohen

Japanese translation published by arrangement
with Alan Cohen Publications, Inc.
through The English Agency (Japan) Ltd.

全ての魂が
神聖なる運命を満たし、
愛に還れるよう
導き続ける宇宙の原理に
感謝と祝福を込めて

親愛なる日本の読者の皆様へ

多くの日本人は、「運命を知りたい」と思っていると思います。日本では（他国も同様ですが）、人生とは外側の要因に影響され、牛耳られるものだと教え込まれてきた方がほとんどではないでしょうか。たとえばそれは、星回りや経済、家族、会社、政府といったものかもしれません。今世、あるいは前世で何か間違いを犯したかもしれない、そして、それが自分に呪いとなって返ってくるのではないかと、恐れている人も居るでしょう。幸先の悪いことを言う占い師に会い、成功するには、自分に幸運をもたらす数字が必要だと信じている人も居るでしょう。でも、それではまるで、気まぐれな宇宙の慈悲を受け取るためにはどうしたらいいかを、必死で探しているような人生です。

そんなあなたに、良いニュースを届けたくて、私はこの『魂と運命』を書きました。それは二つあります。

（1）人生の舵を握っているのは、外側の何かではなく、あなた自身である。
（2）基本的に、人生はただ「善のみ」と計画されている。

魂のレベルにおいては、人生のある程度の出来事は計画されていますが、今日のあなたの思考によって、あなたの明日のほとんどの部分が創造されます。あなたのマインドは、体験の創造において、最もパワフルな影響力をもっているのです。過去に何が起こっていたとしても、あなたは今日、より輝かしい未来を創造できる、新たな思考を選択することができます。あなたのもつ内なる力は、自分で思うよりもはるかに強いものなのです。

今、あなたは人生における大切な時を迎えました。外側の何かに明け渡していた力を取り戻し、心から求めている人生を生きる力を手にするのです。

思考のマインドをはるかに超えた深いレベルでは、あなたはすでに人生で起こる出来事や体験、人間関係を、叡智をもって選択しています。これから、あなたが結んだその魂の契約について学んでいきましょう。魂の契約の中には、喜びと高揚に満ちたものもあれば、試練を伴うものもあります。しかし、それら全てがあなたの霊的な成長を促すために、役立ってくれているのです。

運命とは、人生にとって一大要素です。しかし運命は、実は全てが善なのです。魂の前進のために用意された大いなる計画は、あなたが表面的に見るものよりも、もっと広く大きなヴィジョンと共に人生を奏でます。あなたのもつ才能や夢が、その場所へと導いてくれるでしょう。ですから、完璧な方法とタイミングで、全ての人や物があなたのもとへとやってくると信頼して、リラックスし、ありのままの姿で、自分らしい人生を生きましょう。

今、この文章をあなたが読んでいるのも、きっと偶然ではありません。本書に書かれた真実が染み入るほどに、あなたの人生はより良くなっていくでしょう。最高の人生に出会う準備は、もうできています。あなたの喜びの声と共に開かれることを、多くの扉がすでに待ち望んでいるのですから。私はあなたを心から祝福します。

忘れないでください。あなたはとても愛されています。そして宇宙は、あなたの面倒を完璧に見てくれます。ですから安心して、あなたの人生の旅路を愉しんでください。

愛と祝福を込めて

アラン・コーエン

本書に寄せられた称賛の声

「本書は、明確で、地に足のついた、かつ直観を大きく刺激するガイドブックである。私たちをスピリットの真の力をもって生き、最善の運命を果たしていく道へと導いてくれるだろう。ここには、スピリチュアルな原理を日常に落とし込む方法が、アラン・コーエン自らが多くの人たちとの長年の深い交流を通して得た、実践的なたくさんの例と共に紹介されている。心地よさや自信、導きを求めている者は誰でも、本書から喜びとギフト、創造性やつながりをもって生きるための、叡智からの豊かなガイダンスを、感動と共に見つけられるだろう」

ソニア・ショケット

ニューヨークタイムズ ベストセラー作家。代表作に『The Answer is Simple: Love Yourself...Live Your Spirit』

（邦題『自分を愛するたましいのレッスン』）

「本書は、読者に力を与え、人生の目的を創造する方法を示す地図である。自分らしい幸福や意味のある人生、エネルギーの高い満たされた人生を手に入れたいのであれば、その旅路において、本書はその実践的なツールや広がりのあるアイデアを通じて、あなたをサポートし続けるだろう。ユニークで素晴らしい本だ。必読である」

アニータ・ムアジャーニ

ニューヨークタイムズ ベストセラー作家。代表作に『Dying to Be Me』（邦題『喜びから人生を生きる！』）、『Sensitive is the New Strong』（邦題『繊細さは、これからの時代の強さです！』）

「『私たちは一体誰なのか、何のためにここに居るのか？』その大いなる明晰性と叡智と共に、アラン・コーエンが魂からの最も深い質問について、実践的な本を執筆した。本書はあなたを刺激するだけではなく、もっと人生を上昇させるために必要なものを、はっきりと与えてくれるだろう。人生に喜びと目的、そして幸せを求めているのなら、あなたの読むべき本のリストのトップにこの本を書こう。きっと自分の人生における真の意味を見出すことができる。アラン・コーエンがあなたにその方法を教えてくれるはずだ」

デブラ・ランドウェール・エングル

アマゾンランキング第1位を獲得したベストセラー作家。代表作に『The Only Little Prayer You Need』

「アラン・コーエンの著書を読むと、私はいつでも、まるで神秘的なキャンプファイアを囲んで座っているような気持ちになる。そこでは、アランが古《いにしえ》のスピリチュアルな叡智をわかりやすく語りかけてくれるのだ。本書もまたそうだった。その完璧な羅針盤は、私たちが自らの魂からの導きと一体になるのを助け、その導きはまた、今目の前の現実であるこの場所で起こっていることにおいて、とても必要なものだ。

この素晴らしい本によって、私たちはスピリットの声を聞くことができるようになるだろう。そして、真の家への道のりを選択できるようになるのだ。そこは、私たちが自らを永遠なる魂であると知り、全ての命と神と共に永遠につながる、光に満ちた世界である。家への旅路を進むにつれて、私たちは自身を通じてこの光を延長させ、この世界を向上させることができるだろう。この世界が今必要としている薬は、私たちの光なのだ」

シシィ・ウィリアムズ

エネルギー医学、オステオパシー、自然療法の講師、NLPトレーナー、ポッドキャスト『Let Spirit Lead』の創設者

「本書は本当に美しく、素晴らしい本である。人生は、常にアップダウンが付きまとい、容易に

道を見失い、一体何が大切なのかを忘れてしまうものだ。しかし、叡智に溢れた本書が、私に家路を見つけるのに必要な実践的ツールを与えてくれた。この本を枕元に置き、私はきっと何度も何度も読み返すことになるだろう」

ダン・ストロドル
『ミラクル・ワーカー』誌編集者、ミラクル・ネットワークのマネージャー

目次

はじめに

一九三九年八月十九日、オハイオ州で二人の双子の男の子が生まれ、別々の家庭へ養子として引き取られました。二人とも偶然にも、「ジェイムズ」と名づけられ、「ジム」と呼ばれました。二人とも、ラリーという名のもう一人の養子の兄と共に育ち、トイという犬を飼っていました。さらに、三十九歳になって二人が再会した時、なんと二人とも二回の結婚歴があり、最初の妻はリンダ、次の妻はベティという名であることがわかりました。二人とも息子が一人居て、それぞれ「ジェイムズ・アレン」と「ジェイムズ・アラン」という名でした。二人とも警察で働き、車はシボレーに乗り、たばこはセーラム、ビールはミラーライトを好み、学生時代は数学と図工が大好きで、綴りの勉強が嫌いで、休暇は二人とも、フロリダ州のセントピーターズバーグにある、同じ広いビーチで過ごしていたのです。

この双子の人生の、尋常でない類似点を見ていると、いくつかの疑問が湧きあがってきます。

自分の選択の結果が、どの程度人生に影響しているのか。思考の理解を超える、はるかに深いレベルで、人生はどれだけ調整されているのか。人生の主導権は自分が握っているのか、それとも高次の力が導いているのか。運命とは決められているのか。それとも自分で変えられるものなのか。自分は一体誰で、何をするためにここに居るのか。

世の中が正気を失い、おかしな出来事だらけの今、誰も行く末を予言することはできません。理解できないものを理解したいなら、目の前の手がかりを使えるだけ、全部使いましょう。人生で出会う人々や体験は、無秩序に現れるわけではないとわかるだけで、きっと気が楽になるでしょう。嫌いな仕事、活力を奪う終わりのないニュースの数々、SNSでの「いいね」の数の競い合いなどの悲しい日常よりも、もっと運命には意味があるのだとわかれば、きっとほっとできるでしょう。そしてある時、社会的な役割を果たすだけの日々への空虚さより、旅路の意味を求める気持ちの高まりが勝り始めます。そして、私たちは外側へ求めていた答えを、今度は内側へと求め始めるのです。これまでと今の人生のストーリーを、束ねて入れ込める針穴を探すのです。「結局全てはちゃんと収まるものだ。もし収まらないとしたら、それはまだ終わりじゃない」と言ったジョン・レノンは、正しかったと思いたいですね。

本書は、あなたの魂への目覚まし時計です。あなたは、パワフルな存在で、重要な目的のために、ここに居るのだと思い出させてくれるでしょう。今や、ほとんどの人が、魂とのつながりを失っています。日常の終わりのない用事やすべき仕事に気をとられ、催眠状態になってしまっているのです。しかし、たとえどんなに私たちが行ったり来たりを繰り返していても、魂は完全なまま生き続けています。私たちは外側の世界での達成をもって、自分の成功を測っているかもしれませんが、真の幸せを決めるのは、スピリットとのつながりなのです。あなたが自身の魂から生きる時にこそ、人生は驚くほどうまく調整され、そして、奇跡が起こります。

本書のページをめくるにつれて、真実を覆っていたカーテンも開かれていきます。外側の世界のみが自分の人生に力をもっていて、自分ではコントロールできないその力の犠牲者であると、あなたに思い込ませてきたカーテンです。どんな屈辱的なアイデンティティを思い込まされていたとしても、あなたという人には、自己の目覚めや癒しに必要な、体験や出会いが用意されています。そして、それらを習得し、あなただけの才能を待ち望んでいる世界へと広げていける存在なのです。最高の運命への道を選択する力を、自らもちつつ、同時に、意識のマインドや思考には理解できないほどの深いレベルで、神との共同創造のもとに約束された意図を実現していけるでしょう。

コロナウィルスのパンデミックが発生した頃、自宅待機の暇つぶしにと思い、ジグソーパズルを買いました。数日でやり終えられると思っていたのですが、予想したよりもかなり難しく、結局数週間、コツコツとやり続けました。そしてついに、最後のワンピースを残すのみとなり、はまるべきその最後のピースの形も、はっきりとわかるまでになりました。ところが、それがどこにも見つからないのです。テーブルの上やパズルが入っていた箱の中も探しましたが、無駄でした。「きっと、このパズル自体が不良品で、もともと一つ足りなかったんだ」と、私は思いました。

その時です。ふと、椅子のクッションと肘掛けの間の隙間に目が行きました。なんと、そこに探していたピースを見つけたのです。私は嬉しさと共に、そのピースを残りの箇所にはめ込み、パズルは完成しました。

予想外のことや説明できないことが起こると、私たちは「これは、もともとおかしかったのだ」と思いたくなります。たとえば、この人生のパズルは、ピースを一つ欠いてやってきたのだと。しかし、そうではありません。ピースが一つ足りないからと言って、それが存在していないわけではないのです。あなたが今座っている、まさにその椅子の隙間に、ただ落ちているだけなのです。自分の答えを引き出すためには、私たちは、外側の見えている場所を探すより、深く内側に入っていかなくてはなりません。

私たちが生まれたのは、探すためではありません。見つけるためです。「人生には、これまで生きてきた以上のものがあるはずだ」という考えは、地下牢の扉の隙間から初めて見る、かすかな光の輝きです。地下牢に居続けることに飽き飽きしたのなら、あなたの魂を大きくジャンプさせて新たに始めるに相当の、健全な高いヴィジョンが必要です。今までどんな脇道でさまよっていたとしても、そこに居たことには意味があり、意図や学びもあります。全ては、理由があって起こっているのです。

後ろに少し下がって、人生の大きな絵を見てみましょう。外側の何かに明け渡していた力を取り戻し、神と共同創造するという、あなたの神聖な使命を抱きしめるのです。

世界は今、その進化において、重要な地点に到達しました。恐れか愛か、混乱か明晰さか、絶望か希望か、敗北か勝利かを分ける岐路に、私たちは今、立っています。私たちそれぞれが、自分の歩く道を選択しなくてはなりません。しかも、これらの二つの道のりは、「跨《また》いだり、行ったり来たりはできないのだ」と言わんばかりに、その違いを明らかに、強烈に見せつけています。

世界とは、駅のような場所です。二つの汽車が、ほんの少し異なる角度の線路に沿って、走り出します。出発当初は、二つの汽車はまだ近くて、あなたがそうしたいならば、もう一つの汽車に乗り移ることもできるでしょう。しかし、汽車が先に進むにつれて、それらの隔たりは大きくなっていき、ある時点で汽車を乗り換えることは、もうできなくなるのです。なので、世界における信念があまりに二極化してしまった今、私たちはそれぞれが行きたい場所をはっきりと決めなくてはなりません。一つの汽車は、もっと深い闇や分離へと連れて行こうとし、もう一つの汽車は、明るい光やつながりを満たす方向へと導くでしょう。今起こっている出来事は、私たちにどちらの汽車に乗るかを選択し、その目的地へ向かって信頼と共に走るように求めているのです。

とはいえ、私たちは皆、結局自分の家へと還ります。ですが、どれくらい時間がかかるか、どんなに険しい道のりを行くかは、私たち次第です。しかし、世界に計画されて描かれた暗い道よりも、もっと簡単に、ゴールへと向かえる近道があります。さあ、これからご一緒に、輝かしい帰還を早めるための方法を見つけていきましょう。

ねぇ、私、自分で魂を縮めちゃったわ

友人のマイクは、アパートの近くの歩道に住みついているホームレスの女性にイライラしていました。彼女は汚く、だらしない格好で、見るに堪えませんでした。髪は乱れ、歯はところどころ抜け落ちていて、頬に傷がある四十歳ぐらいのその女性は、いつもしかめ面で歩道に居ました。マイクは毎日仕事に行く道すがら、彼女と互いに険しい視線を交わしました。みすぼらしいショッピングカートと共に、彼女が早くどこか他の場所に行ってほしいと、マイクは願っていました。

しかし、ある日のこと、マイクはこの女性に、自分が大きな偏見をもっていることに気づきました。こんな生活へと追い込んだ、彼女の今までの人生の困難さを想像して初めて、彼の心は開き、思いやりをもてたのです。そして、今までのことを正したいと思いました。なので、次に彼女に会った時、彼はこう言いました。「あなたに謝らなくてはなりません」と。

最初、彼女はいぶかしげに、マイクを見ました。

「僕はあなたに勝手に偏見をもっていました。でも、あなたはそんな人ではありません。きっと大変な人生だったのでしょう。僕をゆるしてくれますか」

女性は少し考えた後、頷いて言いました。「ええ。あなたをゆるすわ」と。

その時です。マイクの身に、普通では考えられないことが起こりました。

「突然、彼女の顔が変わったんだよ！」と、彼は後に私にこう語りました。「彼女が、輝く目と柔らかな肌をもつ、二十歳ぐらいの女性になったんだよ。頬の傷は消えて、抜けていたはずの歯も元通りになっていた。彼女は、輝いていた！　まるで天使みたいに！」

この奇跡の瞬間を思い出しながらも、マイクの目に涙が溢れました。「そのヴィジョンを見たのは、ほんの数秒だったけど、あまりに強烈な体験で、それからの僕の人生を変えるに充分だった。今、自分が誰かに偏見をもとうとするとすぐに、あの天使のように見えた彼女のことを思い出す。そして、目の前の人の内側の善を見ようと、心に決めるんだ」

そして、マイクは、「あの時、一体何が起こったんだと思う?」と、改めて私に聞きました。「どうして僕には、彼女があんなに全く違って見えたのかな?」

「君はきっとその女性の魂の輝きをとらえたんだよ」と私はマイクに言いました。「この物質界では、彼女の外見はだらしなくて、魅力的とは言い難かった。でも肉体をそんなに痛めつけた困難の前でも、内なる真の彼女は、全く影響を受けてはいない。どんなにつらい人生を彼女が生きてきたとしても、最も深いところに居る本当の彼女は、純粋で、若々しく、美しいままだ」と。

同じことは、あなたにも私にも言えます。私たちの内なる一部は、この世のつらいドラマよりも、はるかに深い場所を生きています。真の自己とかけ離れた、その小さな外見は、本当の私たちではありません。魂こそが、人生における一番の真実です。それは、神から放たれた光線です。あなたの魂の輝き、または他人の魂のそれも、人生の祝福なのです。だからと言って、マイクのような神秘的な珍しい瞬間を通して、そのことを知る必要はありません。魂を見る力は、育むことができるのです。その力を育めば、私たちは自分自身を、この世で作り上げた自分ではなく、神が創造したままの自分として、見ていくことができるでしょう。

魂が縮まる原因となった嘘

この世に生まれた瞬間から、あなたの大切な永遠のスピリットは、その偉大さに釣り合わない、小さな箱の中に閉じ込められます。そして、あなたの内なる光は、弱められ、小さな鈍い光となってしまいます。それからは、ただただ縮み続けます。少年か少女か、黒人か白人か、年齢、宗教、人種や国籍などのこの世で植えつけられた特徴が、あなたの存在の象徴になっていくからです。そして今度は、あなたは教え込まれます。家業を継がなくてはならないこと、お姉さんと同じぐらいに賢く、良い成績を取らなくてはならないこと、昔からの一族の持病で苦しんで逝くに違いないこと、あるいは、金銭的な問題を抱え、返済不能になるに違いないこと、など。さらに今度は、成長するにつれて、あなたは自分で思い始めます。きっと自分は、息の詰まるような仕事に毎日、引きずり込まれるのだと。退職時にゴールドの腕時計をもらって身につけても、魂は擦り切れて、かつての元気も見る影もなく、たぶん多くの人が亡くなる年齢で死ぬのだろう、と。

これら多くの嘘の最も根本にある嘘が、これです。

「あなたは魂をもった肉体」です。

ですが、これは偽りです。

「あなたは肉体をもった魂」が、真実です。

あなたは、「皮膚という枠の中に、自分は閉じ込められている」という暗示をかけられてきたのです。暗示によって仕組まれた法則が動き出し、永遠であるにもかかわらず、死んで灰になる、あるいは朽ちて虫に食われるように運命づけられたセルフイメージが、恐れから作り上げられました。落胆するのは無理もありません！『あなた！　私、子どもたちを縮めちゃったわ』（アメリカのTV番組で邦題は『ミクロキッズ』）というドラマがありますが、それを言うなら、私たちは人生ドラマ「あなた！　私、自分で魂を縮めちゃったわ」の主役のようなものですね。

しかし、たとえそんな人生のドラマがだらだらと続いているとしても、内側の神聖なあなたは、ずっと生き続け、力をもち続け、完全なままです。集団催眠によって幻想が大きく育ったとしても、神聖なアイデンティティは決して脅かされることはありません。夜寝ている間に、深い瞑想の時に、創造力が高まる時に、気づきや死の瞬間に、あなたはきっと五感をはるかに超える、大きな真の自分を思い出すでしょう。臨死体験をした人の多くは、真の自分は決して死ぬことはないと知ったことで、死が怖くはなくなったと、報告されています。あの空を瓶に詰めることは決してできないのと同じように、私たちも肉体に留まることはないのです。

もっと言うならば、「あなたの魂」という言葉も、誤解を招きます。なぜなら、「あなた」が魂を所有しているように感じるからです。そのような「あなた」は居ません。魂そのものが、唯一の真のあなたなのです。

私たちはそれぞれが、唯一無二に、個性的に、最高に表現された生命です。ある哲学者の言葉通り、「神とは自分の香りを嗅ごうとする花」なのです。何かが自分には欠落していると思うと、人目を気にして、自分の存在の目的を決めるようになります。しかし、本来は、肉体や性格、社会的役割といったものに限定されるような、小さな自分ではありません。真の自分は、神の生粋の表現者であり、リチャード・バックが『かもめのジョナサン』で書いたように、「数字にはできないほどの、時空を超越し、同時にあらゆる場所に在るほどの、完璧さ」をもっているのです。

あなたの魂を肉体に詰め込んでおくことは、サイズの小さすぎる靴に足を突っ込むようなものです。足は痛み、酔っ払いのようによろよろ歩き、水ぶくれができます。しかしその靴をいったん脱げば、表現できないほどの心地よさを味わえるでしょう。全ての苦しみは、自分は「肉体だけの存在なのだ」という誤った思い込みから生まれています。それがあなたを他の魂たちと分離させ、一人ぼっちで、見捨てられたような気持ちにさせ、朽ちていくだけの肉片の壁に閉じ込めるのです。あなたの魂は、それがどれも思い込みだと知っています。魂は、神との永遠の絆と、他の全ての命とつながる喜びを、ちゃんと覚えています。

霊的な記憶喪失からの目覚め

この世の全ての問題は、元をたどれば、霊的な記憶喪失にあります。真の自分の深さを忘れれば、人生を浅く生きることになります。そして、そのうち、なぜいつも満足できないのかと思い始めるのです。肉体と思考は、広大で深遠な海の表面を泳ぐ小さな魚のようなものです。一方で、魂は、その深い海ほどに大きく、そこに君臨するクジラのようなものです。

魂のない人生は、人生の真似ごとでしかありません。五万人ものアメリカ人が、うつ病のための処方薬を飲んでいるのは、自分の魂に触れなくなったからです。薬は初歩的なステップではありますが、うつ病から脱するために薬は必要ありません。うつ病の究極の治療法は、自己を表現することです。落ち込みと自己表現を同時に体験することはできないからです。自分を表現するために生活をほんの少し変えるだけでも、とても大きな効果があります。その「少し」が、息苦しい気持ちを、すっと晴らしてくれるでしょう。あなたはもともと、とても大きな存在なのです。

魂から生きれば、人生に力がもたらされます。なぜなら、魂とは命そのものだからです。

精神科医は時々、「シュリンク」と呼ばれます。そんな精神科医を訪れているとしたら、それはあなたが、ハートではなく思考で生きることによって、すでにもう縮んでしまっている証拠でしょう。精神科医とは、むしろ「収縮防止剤」であるべきです。魂は決して縮むことはありません。ただ私たちが、魂が与える力から距離を置いているだけです。真の心理学とは、魂の復活のためにあります。魂が戻ってきた時のみ、私たちは健康的で、実りある人生を生きられるのです。

これから章ごとに、あなたの魂が今一度復活し、本来の姿へと回復していけるように、一歩一歩導いていきましょう。小さく縮こまり、日陰で遊んでいた時代はもう終わりです。あなたがこの本を手に取ったという事実が、もう準備が整ったと言っています。全ての魂に、約束された目覚めのタイミングがあるのです。それは、古い世界があまりにも堅苦しくなり、本来の自分の尊厳を手にする準備ができた時です。

そして、今がその時です。では、これから取り掛かりましょう。

あなたの思考から創造される世界

ジョアンという女性クライアントの、四度目のコーチングの時のことです。彼女は二度、婚約をした経験がありましたが、悲しいことに、結婚式前に一人は亡くなり、もう一人は去っていきました。この問題に一緒に取り組んだところ、男性や結婚について、彼女は小さな頃に、母親からある思い込みを植えつけられていたことがわかりました。彼女がまだ幼い頃、ジョアンの父親は家を出ていったのですが、その後、母親は彼女に「男なんて当てにならないものよ」と何度も繰り返していたのです。

ジョアンは、神から罰を受けて、暗い運命を背負わされたのでしょうか。あるいは、幼い頃の刷り込みが、彼女にこんな結婚への道のりをたどらせているのでしょうか。悲劇的な関係性や、一人ぼっちの人生は、もともと運命づけられていたのでしょうか。あるいは、その思い込みを努力して捨てられたら、婚約後も去っていかない男性を引き寄せられるのでしょうか。

あなたが体験する出来事は、外側に在る冷酷な何かによって、気まぐれに創り出されているわけではありません。体験の創造には、重要な二つの要素が論理的に関係しています。それは、(1)魂が決めた意図と(2)フォーカスしている思考です。このことから、どこから逃れたいかではなく、どこに行きたいかにフォーカスすることが、とても重要であると理解できます。なぜなら、全ての思考は種となり、「具現化」という実を生み出すからです。この瞬間も、あなたと共にある思考が、あなたの運命を構築しています。

思考とそれが生み出す結果の密接な関係性を理解できれば、つらい人生のパターンをやめる最初の一歩となります。たとえば、手の届かないパートナーを引き寄せ続けたり、せっかく手にしたお金が、自分の楽しみのために使う間もなく、指の間からすり抜けていったり、罪悪感を抱かせて、思い通りにしようとする親に重荷を感じていたり、自分を痛めつけるような依存を繰り返してしまったり、長い間治せないでいる病と付き合い続けていたり……。これらの痛々しいパターンのベースにある思い込みを変えることができれば、全てを変容させることができます。

少し想像してみましょう。今、あなたはチェスをしています。ところが、奇妙なことに、コマを移動させようとすると、すぐに元の位置に戻ってきてしまいます。どんなに懸命に前に進めようとしても、移動させたい位置にしっかり押しつけても、手を離した途端に、そのコマは元の位置に戻ってくるのです。

そこで、コマをもち上げて、底を見てみます。すると、小さな磁石がついているのを見つけました。全てのコマを見てみましたが、全てに磁石が埋め込まれていました。今度は、チェスボードのほうを見てみましょう。すると、チェスボードの裏にも、全てのコマが正確に元の位置に戻るように、強い磁石がついていました。その時ようやく、あなたはコマが前に進まない理由を理解します。

人生の出来事も、あなたのマインドの磁石に従って設定されます。外側で起こっていることは、あなたの内側で起こっていることを反映しています。世界に原因があるのではありません。世界は鏡なのです。鏡に、髪型がうまく決まらない原因はありません。同じように、外側の条件は、結果を創造するものではありません。鏡を振り回して、髪の跳ねを直そうとしても、何も変わらないでしょう。働きかけなければならないのは、原因に対してなのです。私たちは、人生の出来事は、自分に起こっていると信じてしまいがちです。しかし、実際のところは、私たちから生まれてきているのです。もともとの原因はマインドであり、世界はその結果でしかありません。

親鳥か、ロボットか、どちらが先か？

フランス人の生物学者のルネ・ピケシュ博士は、とても興味深い実験結果を発表しました。まず、卵から雛に孵《かえ》したひよこの一群に、小さな円筒状のロボットを親だと刷り込みました。ひよこはロボットの後を追うようになりました（刷り込みは、誕生直後に目にした動物、人、あるいは物を親だと認識し、後を追い始めることで完了します）。次に、ロボットを小さな長方形のエリアに置き、そのエリア内で（リビングで音を立てて動き回るあのお掃除ロボットのように）不規則に、自由に動き回れるようにしました。

その後、ひよこが入ったかごも、エリアの一角に置き、その上で、ロボットの動きを観察しました。すると驚いたことに、設定した時の動きとは異なり、ロボットはひよこの近くにとどまり続けました。さほど遠くへは行こうとしなかったのです。

この衝撃的な現象は、「母鳥」のそばに居続けたいという、ひよこの強い思いが、自由に動ける設定のロボットのプログラムにさえも、影響を及ぼしたことを示しています。ひよこたちは「考えて」やったことではないでしょうが、彼らの意図が強いエネルギーを放ち、そのエネルギーがロボットを彼らのほうへと向けさせたのです。

これを人間の世界で言い換えると、「私たちも思考や感情、人生への姿勢、願いや期待を通して何らかの意図を放てば、宇宙に影響を与え、その望んだ対象がこちらへやってくる」ということになります。この力を「引き寄せの法則」と呼ぶ人たちも居ますが、呼び方はどうであれ、宇宙が私たちの思考に応えることは確かであり、出会う人々や物、起こる出来事は、私たちの意図の直接的な結果だと言えます。人生の全ての出来事は、不規則なものでは決してありません。「たまたま」などということもありません。思考とその結果、それだけです。

自分の人生を理解して、ポジティブな運命を創造したいのなら、自分のマインドと自分が見ている世界のつながりを、まずしっかりと理解しなくてはならないでしょう。たとえ自分の思考が出来事を引き寄せているとは信じられないにしても、その思考が自分の体験に強く影響していることは認めなければなりません。世界はただそこに在るがままですが、体験は、あなたが世界から何を創り出すかで決まります。

では、これから、「なされるがまま」ではなく、自分が欲する世界を、自ら創造していく方法について説明していきましょう。

内なる導きの旅

以前、アメリカ陸軍のスパイとして働く女性を描いた映画を観ました。彼女はヨーロッパに駐留し、異国の政府に関するデータを集める仕事をしていました。本国に戻った彼女は、ものものしい警備の軍事施設に呼ばれ、地下十七階にあるトップシークレットのセクターまで連れて行かれます。そこで彼女は、アメリカ政府が収集した、地球外宇宙船の残骸を見せられるのです。

この話をしたのは、エイリアンについて書きたかったからではありません。重要なデータは、あなたの自覚している意識よりも、深い場所に保存されていると伝えたいのです。マインドとは、地上階と地下に二階層をもつ、三階建ての家のようなものです。地上階での出来事よりも、地下で起こっていることのほうが、あなたの人生にはるかに多くの結果を与えます。

では、ここで、私たちの内なる家がどんなものか、少し見てみましょう。そうすれば、自分の体験を生み出す源にアクセスできるようになります。そして、人生を選択し、創造するために必要な、最善の力を手にできるでしょう。

【地上階】モンキーマインド

内なる家への入口である地上階は、肉体とその成長のための全データを含む、知性の場所です。生き抜くためのメカニズムを司《つかさど》っています。ここでの思考は、肉体を守り、保持し、肉体的な喜びを最大限にし、痛みを最小限にするために、絶えず計算し、操作し、計画しています。また、肉体と肉体のもつ目的を促進する人やもの、あるいは反対に、脅かす人やものを見分けることに注力します。それはサバイバルの道具としては、うまく機能するでしょう。

しかし、知性とは通常、すぐに散漫になり、軌道を外れるものです。一日の自分の思考の動きをグラフにして見ることができたら、あなたはきっと、とても驚くはずです。手に負えない子どものように、ちょっとしたことで、ふらふらとあらゆる方向へ歩き回っているようなグラフになるでしょうから。ヨガ行者は、これを「モンキーマインド」（無秩序に散らばる思考）と呼びました。時にＡＤＤ（注意欠陥障害）やＡＤＨＤ（注意欠陥、多動性障害）などと人は人を分類しますが、私たちは皆、深い意図があるにもかかわらず、それを頻繁に無視して、いろいろ別の方向へと流されているのです。知性のフォーカスをレーザービームのように絞り、迷わないように照準に入れた上で、決してぶれないマインドを長期間もち続け、自分の選択通りの結果を手に入れられる人は稀でしょう。

高次なる目的のもとに、理性的なマインドが大切にされると、向上心や奉仕、そして癒しを生みます。ウィリアム・シェイクスピアやニコラ・テスラ、スティーブ・ジョブズなどの天才や発明家たちは、そんな思考のマインドを迷うことなく、人類の向上へと向けた人たちだと言えるでしょう。知性を、威張り散らす自分の主人として野放しにするのではなく、逆に自分に奉仕する者として雇えば、あなたはマインドを最高に上手に使いこなせます。そして、あなたの創造するものは、あなたとあなたが触れる全ての人々へのギフトになるのです。

【地下層】潜在的信念とパターン

思考のマインドの下にあるのは、潜在意識です。あなたの莫大な体験が生まれる、隠された源です。潜在意識は主に感情がベースであり、そこにはとても幸せな記憶とつらい記憶の両方が蓄えられています。その記憶を通して、何が楽しめるか、何が恐ろしいかを見極め、避けることもできます。今、あなたが何らかのトラウマを抱えているなら、それに向き合って癒すまで、あなたの潜在意識はその記憶をもち続けます。自分の体験は意識的に生み出されていると信じているかもしれませんが、ほとんどの選択を行っているのは、潜在意識なのです。キリストは「人は、その人のハートの中で考えているままの人である」と言っています。この教えの中のキーワードは、「その人のハートの中で」です。キリストの時代には「潜在意識」というような洒落た言葉は、まだありませんでした。それは数千年後に、フロイトや他の心理学者たちが使い始めた言葉です。今の時代にそれを正確に言い表すとすると、「意識の思考の下に、深く埋め込まれた信念であり、私たちの体験の土台を形づくっているもの」となるでしょう。

数えきれないほど多くのコーチングのクライアントが、私にこんなことを言ってきます。「私は人間関係（あるいは、金銭面や仕事面、健康面）において、何度も繰り返し同じパターンを体験しています。それは、私がもち続けている何らかの無自覚な信念のせいだとわかっているのですが、同じ状況がずっと起こり続けているのです。どうしたら、こんな望んでもいない体験を生み出す、無駄な信念を癒すことができるのでしょうか」

これは、素晴らしい質問です！　答えは、次の章でもっと深く説明しましょう。ですので、ここではただ、「私たちの自覚している意識よりもっと深くに、私たちの体験を作り出す何か強いものがあり、それは、回転の速い知性でさえも追いつけないものなのだ」とだけ覚えておきましょう。だからこそ、人生に効果的な変化をもたらし続けるためには、私たちが自分の潜在意識に向き合い、書き替える必要があるのです。

【家の土台】魂の思案

知性と潜在意識よりもっと深いところに、魂の思案があります。ここから生まれる思考は、神と共に考えるものです。知性的な概念ではなく、底に住まう深遠なる智恵です。あなたの魂は、クリアで、力に満ちていて、愛すべきものです。あなたの人生の全ての善の中核を担い、出会うもの全てに力を与えられるように、あなたにも力を与え続けます。あなたのマインドの一部に在る、神のマインドそのものです。そして、それがあなたの真のマインドです。あなたが神と共に考える、その魂の思案のみが真実なのです。

魂は、知性や潜在的な思い込みよりも、限りなくパワフルです。頭の中で繰り返す迷いや感情の揺れに影響されることはありません。

私はあるクライアントにこう聞かれたことがあります。「母にはずっと心気症の症状がありました。多くの病気を自分で想像し、多くの医師に会いにいきました。ですが、彼女は九十二歳まで生きたのです。もし私たちの思考が体験を創造するというのであれば、病気の思考ばかりだった彼女が、病気になることもなく、なぜそんなに長く生きたのでしょうか」と。

私は答えました。「魂の意図が、精神的、感情的な思い込みを凌いだのでしょう。より深いレベルにおいては、お母さんは長く生きたいと思っていらしたのかもしれませんね。あるいは、病気に対する不満を言うことで、活力を得ていたのかもしれません。それによって、彼女は心気症を通して、他人からの注意や、同情、またエゴの求めるその他のものを受け取ったのかもしれません。魂の真の意図を理解するには、表面ではなく、より深く見ていかなくてはなりません」

魂が気に掛けているのは、あなたが真の運命を生きているかどうかです。ですから、魂はあなたがそのことに気づくように、常に働きかけています。たとえば、大切なパートナーとつながる時、重要な仕事におけるキャリアを構築する時、あるいは、その後の人生を変えるような師と出会う時、あなたは運命とデートをしているようなものです。そして、あなたの魂は、あなたを完璧な場所と時間に、完璧な人と出会えるように、指揮をとり続けます。自分の人生で向かっているところは、自分で計画して決めたと思っているかもしれませんが、実はそのアイデアをもっているのは、あなたの魂なのです。すなわち、それは本当は、「真のあなたから生まれているあなたのアイデア」です。あなたの魂は、神から力を注がれています。だからこそ、魂の力は常に行き渡るのです。横道に逸れたり、進みが遅くなったりすることもありますが、結局は自然なほうへ自然に流れます。ですから、行動しようとした時に、そこに導きを感じるのであれば、その感覚に従ってください。

魂が何を望んでいるのか、どうしたらわかるのでしょうか。それは、感覚でわかります。力が満ちる感覚がもたらされ、自らに完全性を感じられるからです。あなたに堂々巡りをさせ続け、不足感を伴わせ続けるような感覚は、そこにはほぼありません。まだ、ずっと知性にしがみつき続け、自分は一体ここで何をしているのだと思っている人も居るでしょう。ですが、一度でも、本来の魂から生まれる思考に出会えれば、精神的・感情的に邪魔に入るものを押しのけ、代わりにあなたの人生の基盤となる、全ての幸福を届けてくれるでしょう。

あなたの内なる家の図面には、無秩序に起こる出来事の中にあっても、思い込みから自由になれる、見晴らしのいい場所がどこにあるかがすでに描かれています。この未来への地図は、必要以上の七転び八起きを繰り返すことなく、あなたが行きたい場所へとより早く、より近い道へと導いてくれるでしょう。さあ、では次は、あなたの魂の意図と、知性と潜在意識を調和させる方法について見ていきましょう。その方法を知ればきっと、人生はまるごと、自分にとっての最善に向かって進み始めます。

進み続けるあなた

力みなぎる、強い三頭の馬に引かれる、馬車の手綱を握っているところを想像してみてください。全ての馬があなたの言うことを聞けば、目的地に向かって滑るように進んでいくでしょう。しかし、馬たちが気を逸らして、それぞれ別々の方向へと走っていこうとするなら、旅路は混乱し、行きたい場所には行けません。動けなくなったり、あるいは馬車ごとひっくり返ることになるかもしれません。

あらゆる挑戦において、成功の鍵は、あなたの思考と潜在意識、そして魂を調和させることです。これら三つが同じ目的にフォーカスすれば、あなたは立ち止まることはありません。なぜなら、それは神の意志と同じだからです。あなたには神聖な存在として、天と地における全てのパワーが与えられています。

誠実とは、全ての要素が一つになって、一つの目的に向かう状態のことです。意志を曲げようとしてくる卑屈なマインドさえ阻止できれば、魂はきっとあなたの代わりに全てを整えてくれるでしょう。以前、母親の助けを拒み続ける女性を描いた、テレビCMを観たことがあります。「お母さん、お願い。私はむしろ自分でやるわ」というコピーが書かれていました。魂の意志ではなく、エゴの意志に従いすぎると、私たちはぬかるみにはまってしまいます。知性的、潜在的な思い込みが泥のようになって、本来、魂からの自己表現が流れ出すべきパイプを詰まらせてしまうのです。つらい体験は、そのスピリチュアルなパイプの詰まりを解消する洗剤の役目をもちます。思い込みという詰まりを除去できた時、そこにスピリットからの浄化の水が流れます。ですから、全ての人生の体験は、スピリットに調和していることを示すサインか、あるいは、その調和を取り戻すためのレッスンなのです。

7つのステップ：小さな歩みから始めて、最後は大股に歩く

人生につらいパターンをもっていても、多くの場合はそれをギフトへと変えていけます。仕事をする際にも、良い道具があれば、道具をもたないよりも（あるいは、もっていてもすぐ壊れてしまう道具よりも）、もっと早く、効率的に終えられるでしょう。仮に、あなたが今、健全で幸せな人間関係を引き寄せ、維持することに難しさを感じているとしましょう。そして、それは幼い頃、

両親がいつも喧嘩をしていた、あるいは、性的な虐待を受けた体験があることが原因だとします。すると、その過去の痛々しい時期に、「未来ではこんな状況は避けなさい」と警戒を示す赤旗が、あなたの潜在意識に刻まれます。すると、あなたは決めるのです。「結婚は戦いの場」、あるいは「異性は信用できない」と。その後あなたは結婚を避け、パートナーになれそうな人とは、感情的に距離を置き続けるようになります。このやり方は、守りを固めようとする潜在意識にとっては一見完璧に思えます。しかし、潜在意識が限られたデータ（うまくいかなかった状況においてのたった一つの体験）から結論を引き出したため、人間関係や家族関係とは、本来、愛し合い、尊重し合い、助け合い、喜び合うのが基準であることに気づいていないのです。潜在意識はあなたを助けようとしているのでしょうが、その助けは、ひどく短絡的で、目先のことしか見ていません。

しかし、ここで魂が救いにやってきます。潜在意識は感情がベースですが、魂は高いヴィジョンをベースにします。あなたの魂は否定的な体験をしても、くじけることなどありません。それどころか、その体験をうまく取り込んで、スピリチュアルな成長の火を燃やすための薪にします。あなたの高次のマインドは、あなたの存在を信じ、あなたのもつ可能性をよく知っています。信頼に値する多くのパートナーが居ることとも、調和に満ちた多くの結婚が存在することとも理解しています。潜在意識は、あるところまでは役に立ってくれるでしょう。しかし、そこを超えると、その白か黒かの指示が、むしろあなたを苦しめ始めます。魂、あるいは超意識、高次のマインド（呼び方は違いますが、どれも同じです）こそが、知性と潜在意識という、その二つの低いマインドでは解決できない状況から、あなたを自由にしてくれるパワーをもっているのです。

では、ここで、あなたに魂の力を思い出させてくれる、七つのステップをご紹介しましょう。

1. 高次の真実をアファメーションする

アファメーションとは、魂に刻まれている「もともとすでにそうであること」を思い出させるためのものです。このことを語る最高のアファメーションは、「私の内なるスピリットは、自分自身の真実を聞くのが大好きです」というものです。ポジティブなアファメーションを数回、誠実に心を込めて繰り返すと、あなたの心の深遠な部分に染み入っていきます。そのほうが、何度も何度も必死に繰り返すよりも、ずっと効果的に働いてくれるでしょう。先の例でいうと、**「結婚とは、二人の人間が一緒になって助け合い、幸せな家庭を創造していく愛すべきものです」**、あるいは**「私には、健全で愛する関係性を築ける、多くの素晴らしい人たちが居ます。私は今、心を開き、私の最高の意図と幸福にぴったり合う、パートナーとつながります」**というアファメーションを唱えてもいいかもしれません。

2. 祈りの力を動かす

祈りをささげる時、あなたは神のマインドとハートにつながります。そして、神はただあなたの幸せだけを欲しています。つまりは、祈りを通して、全ての善の源に調和するのです。あなたがもし、神とは罰を与える父親だと見るのであれば、その神を避けたいと思うでしょう。しかし、神を性別もない愛、ただ愛であると理解するなら、信頼とポジティブな期待を抱いて、むしろ、その源へと戻りたいと心から思うに違いありません。ですから、こんな祈りなら、完璧です。

「私に幸せな関係性を創造する方法を見せてください。人間関係は痛みを伴うもので、パートナーは鬼のような人だという古い思い込みを、私は自らすすんで手放します。双方にとって最高で健全なパートナーとの関係性を、私が引き寄せ、もち続けられるように助けてください。私は自分で何かを起こそうとしたり、操作しようとはしません。今、私は自身の人間関係における旅路を神の手に委ねます。そして、あなた（神）が、私を人生の正しい場所へと導いてくれることを、信頼します」

3. 自分の限界を議論することをやめる

過去の失敗を振り返り、うまくいっていないと文句を言ったり、あるいは自分を犠牲者にしたりしていると、マインドの中で、その体験を反対に強めることになります。そうなると、同じような体験を繰り返す可能性も高まるでしょう。自分の限界や損失を強調するよりも、何がしたいのか、それによってどんなに良いものが手に入るか、その明るいヴィジョンを描き、感じ、語りましょう。自分の問題について多く語るのではなく、自分の可能性について雄弁になるのです。そうすれば、あなたの理想とする状況を、より早く現実化できるでしょう。

4. ポジティブなお手本となる人に目を向ける

心惹かれるものが何であろうと、それがあなたの体験となります。従って、あなたが達成したいことにすでに成功している人たちに目を向ければ、より早く前進できるかもしれません。恐れのイメージをもって、守りを固めようとした潜在意識の言う通りにしても、幸せにはなれません。それならば、新しいアプローチを試す必要があります。素敵なパートナーや幸せな結婚をしているポジティブなお手本を見せてくれる人を観察すれば、潜在意識に新しいイメージを与え続けられます。そして、今度はあなたが、そのお手本の人たちと同じような体験を生み出していくようになるのです。

5. あなたをサポートしてくれる、似たマインドをもつ人たちとつながる

あなたが付き合う人たちは、あなたのもっている意図を、いつも如実に表しています。お互いの問題の愚痴を言い合ったり、互いを犠牲者だとして見たり、あなたの夢に冷たい言葉を浴びせ

たりするような人たちと付き合っていると、いつかは逃げ出したくなるようなパターンにはまってしまうでしょう。代わりに、あなたを愛し、信頼し、あなたのヴィジョンを応援してくれる人たちと集まりましょう。一人か二人であっても、真にサポートしてくれる友人であれば、あなたが大切に思う目標を達成するための、とても大きな財産になります。

6. コーチングやカウンセリング、セラピーを受ける

ネガティブなパターンにはまってしまったら、あなたの話をしっかり聞き、サポートしてくれる人の助けを借りましょう。その人から役に立つヒントが得られるかもしれません。たとえば、コーチ、セラピスト、あなたの話を親身になって聞き、心から承認してくれるような、信頼できる友人や家族でもいいでしょう。私たちには皆、盲点があります。ですから、自分だけで問題を解決しようとするのは難しいのです。他人のほうがあなたをより正確に見て、やりたいことや、どうすればそれができるかを、あなたがはっきりと理解できるように、助けてくれることも多々あります。

7. いずれにしろ、前進し続けましょう

恐れは私たちを凍りつかせ、一見安全に見えるところへ隠れさせようとします。ですが、そこは行き止まりなのです。アファメーションや祈り、そしてカウンセリングで得た自分の答えに従

って行動を起こせば、ちゃんと実りがあります。「できるまでは、できているふりをしなさい」といいます。しかし、自信と共に行動すれば、もうそれは、「できているふり」ではありません。内なる力をもったあなたは、想像するよりももっと、真のあなたにとても近いところに居ます。ですから、より正確には、「できるまで、信頼していなさい」です。赤ちゃんの一歩でもいいのです。進みましょう。そうすれば、進むごとに自信が深まっていくはずです。本章の最初のほうに書いた例でいうと、相手をよく知る前からすぐに性的な関係をもったり、結婚を決めることなく、軽い気持ちでデートをしてみていいのです。多くの場合、何も行動しないよりは、行動するほうが良い結果となります。夢に向かって進みたいなら、自己への信頼を人生に示し続ければ、あなたを助けてくれるパワーが、行きたい場所へと導いてくれるでしょう。

抜け道

人生のある分野で痛みを感じていたり、あるいは、人生全体が混乱していると感じて苦しんでいるなら、モンキーマインドや潜在意識の恐れのプログラムに沿って、体験したことが原因です。このような場合、ここから先は、魂を運転席に座らせることだけが、残された選択肢になります。『奇跡のコース』（ヘレン・シャックマン、ウィリアム・セットフォード著）は、「あなたは、奇跡への自分自身のガイドにはなれません。なぜなら、それらを必要なものだとしたのはあなた自身だからです」と言っています。自分を痛みの中に入れたあなたには、そこから抜け出す道を知る術はありません。あなたの魂だけが、苦しみからあなたを救出する力をもっています。「私を導いてください」と祈りましょう。重荷になっている状況の全てを、その謙虚な祈りと共に、高次の存在へと委ねてください。そうすれば、驚くようなシンクロニシティに出会い、あなたはもっと高い場所へと上がっていけるでしょう。

たとえば、新しい輝くスポーツカーが欲しい、ヨガクラスで出会った魅力的な人とデートがしたいなど、物質的な目標を追いかけるべきかどうか考えている時も、高次の存在へと決断を委ねてはどうでしょう。「これがもし私にとって善きことであれば、私にもたらしてください。そうでなければ、同じようなもの、あるいはより良いものを受け取ることに、私は心を開きます」と祈ればいいのです。そして、魂が調整してくれる完璧な結果を、ただ待ちましょう。魂はあなたに必要なものが何であるか、あなたのエゴよりもはるかによく知っています。高次の力に人生を委ねるならば、自分よりも大きな何者かによって、決められ、言いなりにされることはありません。なぜなら、あなたの魂の声は、あなたの意志**そのもの**だからです。

というのは、あなたは自分の運命を、エゴが現れるずっと前に、決めてきています。エゴはその恐ろしい声で脅かし続けるでしょうが、あなたの魂は石のように、それを固く拒みます。世間の荒波も、魂には触れることはできず、打ち負かすこともできません。そして、魂はあなたを無価値感から救い出し、気高く生きるように導くのです。魂から生まれたマインドは、たとえば、モーツァルトに六歳でオペラを描かせ、三十三歳のトーマス・ジェファーソンに独立宣言を書かせ、シェイクスピアには劇とソネットを与え、アインシュタインには原子の秘密を明らかにし、ビートルズには他に類を見ない素晴らしい歌を授けたようなものです。全ての天才たちに直感を与え、結果、彼らの創造の賜物が世に送り出されました。

魂がもたらす才能は、有名な人々に限りません。魂の使命は、人生という壮大な計画においては、誰にとっても等しく重要なのです。あなたを暗闇から光のもとへと連れ出し、様々な障害を超えて向上させ、あなたを通して素晴らしいギフトを人類へともたらすのです。

生まれた時から勝ちが決まっているゲーム

人生のどんな分野においても、チェスボードの下についてしまった、磁石の設定を変更することは、充分に可能です。一度でも、愛を土台とする魂に触れることができれば、恐れを土台とするエゴを凌ぐことができます。祈りがあなたの完全性へと橋をかけて、エゴが作り出した苦境を切り開き、全ての幸せの源へとつなげてくれるでしょう。神は、エゴが作り出したあらゆる混乱を解決し、あなたをしっかりと、より高い場所へと据えてくれるのです。

全ての癒しは、アイデンティティの変化が土台となっています。自分自身を、小さくて限界がある、欠落した肉体や性格をもつ者だと見ることをやめて、完璧で神聖、完全な魂だと理解してください。真のあなたのやる気を失わせ、打ち負かすことなど、誰もできません。偽りの前提の上に成り立った「自分は小さなものだ」という、つまらないアイデアだけが、あなたを尻込みさせるのです。その間も、あなたの魂は、運命を高らかに歌いながら、進み続けています。魂にあなたの人生を任せましょう。そうすれば、あなたのチェスボードの上のコマは、瞬時に完璧に正しい場所に行きます。あなたは人生のゲームに勝つのです。なぜなら、チェスボードの仕組みはもうわかっているのですから。

偶然とは何か？

有名なスイスの心理学者カール・ユングが、なかなか本心を語ろうとしない患者を治療していた時のことです。いろいろと試してはみましたが、彼女が築いた、心の高い壁を破ることはできませんでした。なので、何かよほどのことがない限り、彼女と通じ合うのは無理かもしれないと思い始めていました。

ある時、治療中に、彼女は前日の夜に見た夢について語っていました。彼女は、その夢の中で、金色のコガネムシの形の高価な宝石のピアスを、ある人からもらったのだと語りました。その時、ユングは何かが後ろの窓にぶつかる音を聞きました。振り返り、窓を開けると、そこには部屋に入ってこようとした金色のコガネムシが居たのです。ユングはそのコガネムシを捕まえ、彼女の手のひらにのせて、「ほら、これが君のコガネムシだよ」と言いました。この驚くべき出来事が、頑なだった彼女のハートを開き、それからの治療が成功へ向かうきっかけとなりました。しかも、その後の調査で、その種のコガネムシが、その時期にそんな場所に現れるのは、非常に珍しいことだと判明したのです。

この体験の後、ユングは「共時性（シンクロニシティ）」や「意味ある偶然」という造語を使い始めました。研究者の中には、他にもこの現象を「セレンディピティ」や「連続性（シリアリティ）」「同時性（シミルパセティ）」と呼ぶ人もいます。どんな呼び方にしろ、これは注目に値する現象です。すなわち、時にこれらの現象は、あまりにも珍しく、あり得なく、あるいは、個人的すぎる出来事であるが故に、説明の域を超えてやってきます。まるで、高次に計画されたことだと思わざるを得ないのです。

より偉大な計画

ある夕方、マウイ島のパイアという町のビーチの小さな店で、友人のブルースとディナーを共にしていた時のことです。その夜、店はとても混んでいたので、私たちは見ず知らずの人と、肩と肩がくっつきそうな距離で相席を余儀なくされました。私たちは、ブルースがオレゴン州の高校最後の年の修学旅行で、少数のグループでアフリカに行った時の話をしていました。訪れた場所や、その旅行での思い出深かったエピソードなどを、彼は思い出し、話していました。

すると突然、私の隣に座っていた女性が、ブルースの話を遮って言いました。「ちょっと、ごめんなさい。会話が聞こえてしまって、どうしても抑えられなくて……私もあなたが居たその旅行に参加していたんです」と。それから少し話をして、ブルースとその女性は、三十年前に本当に同じグループに居たことを、互いに確認し合いました。メールアドレスを交換し、その日は別れましたが、それから二、三週間後、その女性が私たちに写真を送ってきました。そこには、アフリカの田舎で、他の二十名ほどの生徒たちと一緒に、スクールバスの横に立っている十七歳のブルースと彼女の姿が写っていました。

最初の出来事からかなりの時間が経ち、全く関係のない場所で、こんな偶然が起こる確率は限りなく低いと言えます。ある特定の夏の旅行のことを、ブルースと私が話しているまさにその時に、それに参加していた女性が、私の真横に偶然に座る出会いなんて、起こり得ないことです。これは本当に「意味ある」偶然でした。

このことは単なる一例にすぎません。今まであまりに多くの不可思議なセレンディピティを体験してきたせいか、私は宇宙が無計画に私たちを動かしているとは、信じられなくなりました。

宇宙のもつ見事なマインドは、私たちがそれぞれの人生の道の交差点で、どんな瞬間に、誰と出会い、何を生み出していくか、美しいハーモニーを奏でます。私たちがより豊かな人生のための計画に心を開けば、素晴らしい人たちや出来事が現れて、自らの運命のまま進んでいるという証を見せてくれるでしょう。

詳細はスピリットが調整してくれる

飛行機の最前列に座っていた時のことです。奥で機内食の用意をしている、二人の乗務員の話が聞こえてきました。二人は同じフライトで仕事をするのは初めてらしく、お互いをよく知ろうと話をしていました。少し若いほうの乗務員がもう一人に尋ねました。


「育ったのはどこですか？」

「カリフォルニア州のコンコードよ」

「面白いわ。私もそこで育ったんですよ！　家は何通りにあったのですか？」

「エルム通りよ」

「まさか！　私もですよ」

「エルム通りの三二七番地にある、茶色の飾り縁の白い家よ」

「信じられない……私が住んでいた家です！　どの部屋ですか？」
「階段を上がってすぐ右の部屋よ。前に庭が見渡せたわ」
「もう驚きを超えているわ……。私もそこに住んでいました」

この二人の乗務員は、時期を違えて、同じ家の同じ部屋で育っていたのです。そして、今度は時を経て、太平洋を横断する飛行機の中で、彼らはほんの少しだけ離れたところに立っていました。

シンクロニシティを必死に作り出そうとする必要はありません。それは、理性的な左脳の計画から生まれるものではないのです。私たちの理解やコントロールをはるかに超えた、神秘的な源から生まれ出てくるものです。たとえば、自分の人生について、いつ、どこで、何を、どのようにと、全てをはっきりと理解しようとしたり、未来を決めようとしたりすれば、逆に、人生の調整を試みているシンクロニシティを見逃すことになるでしょう。宇宙は、巨大なシンクロニシティを生み出す一つの装置なのです。自然な流れでは到底考えられない出来事が起こったと感じた時、私たちは「なんと！」と束の間思います。ですが、シンクロニシティとは、実は自然の法則なのです。そしてそれはいつも起こっています。良いことが起こるようにと、細かに根回しをしようとするのはやめましょう。リラックスし、信頼し、開いていく奇跡を見守れば、あなたやあなたの周囲に、良いことが次々と現れるでしょう。

有名なシンクロニシティの例

では、ここでほんの一握りですが、文書に残るシンクロニシティの例をご紹介しましょう。その不可思議さに、きっとあなたは首をひねり、頭を掻きむしるかもしれません。

●アメリカの独立宣言を起草した大統領のトーマス・ジェファーソンと、修正を行ったジョン・アダムスは、一八二六年七月四日に数時間差で死去しました。それは、その記念すべき文書が調印された日からちょうど五十年後のことでした。そして、第五代アメリカ大統領、ジェームス・モンローもまた一八三一年七月四日に死去しました。

●大統領エイブラハム・リンカーンを暗殺したジョン・ウィルクス・ブースには、エドウィンという兄が居ました。暗殺事件が起こる数年前、ニュージャージー州の列車の駅に立っている時、横に居た若者が、列車が走り込んでくる直前に、プラットフォームから落ちそうになりました。エドウィンは若者の襟をつかんで、彼が落ちるのを防ぎ、命を救いました。彼が救った若者の名は、ロバート・トッド・リンカーン。エイブラハム・リンカーンの息子でした。

◉ポール・グラッチェンは、デートを重ねていたエスターという名の女性に、恋人になってほしいと頼んだ直後、サンドウィッチを買って、お釣りを受け取りました。そして、そのお釣りの中の一枚の一ドル札に「エスター」と書かれているのを見つけました。奇妙に思った彼は、それをエスターに見せると、彼女は驚きましたが、その時は何も言いませんでした。二人は結婚しましたが、後にエスターは彼に、結婚する七年前、ひどい恋人との別れがあった時に、一ドル札に、このお札が結婚すべき男性のもとへ行き、自分のところへ戻ってくるようにと名前を書いたのだと告げました。

◉婚約したばかりのステファン・リーとヘレンは、家族のアルバムをめくりながら、新婦の母親と新郎の父親が一緒に写っている写真を見つけて、とても驚きました。その後の調べで、この二人は、一九六〇年代に、韓国でほぼ夫婦同然だったことがわかりました。しかし、両親の反対があり、結婚には至りませんでした。悲運だった両親は、意図せずして、その後、二人の間に生まれた子どもの祖父母となりました。

◉アイミー・メイデンとニック・ウィーラーは、結婚式に使うため、家族写真を探していました。そこで彼らは一枚の写真にとても驚きました。十歳頃の二人が、あるビーチで数フィート離れて写り込んでいたのです。彼らの家族は、互いに知らないまま、イギリスから三百マイルほど離れた場所に住んでいましたが、同じ時間と場所に、偶然に休暇で居合わせたのでした。

◉十歳のローラ・バックストンは、赤い風船を膨らませ、「どうか、ローラ・バックストンのところに戻してください」と住所と共に書きました。そして、その風船を強い風に乗せました。風船は、百四十マイルほど飛ばされ、十歳の女の子の住む庭に到着しました。それを手にした女の子の名前も、なんとローラ・バックストンでした。これを機に、二人の少女は会うことになりましたが、彼女たちは見た目も着ている服も似ていました。二人とも、ラブラドール・レトリバー、グレーのうさぎ、そしてモルモットを飼っていて、何の打合せもなく、それらを連れてきて会ったのです。

◉米国の作家であるアン・パリッシュは、一九二〇年、休暇中に夫と訪れたパリの古本屋で、『Jack Frost and Other Stories』という本を見つけ、幼い頃にこの物語を読んで、とても素敵な思い出があると語りました。彼女の夫がその本を開くと、そこには彼女の筆跡で、「アン・パリッシュ、コロラド州スプリング町Nウェーバー通り、２０９番地」と書かれているのを見つけました。これはまさにアンが、子どもの頃にもっていた本そのものだったのです。

ネガティブなシンクロニシティ

シンクロニシティは、直観的で幸運を伴う出来事としてよく語られます。しかし、中には痛々しい状況に作用している、シンクロニシティの力を見る時もあります。

銃による大量殺人、テロリストによる爆撃、飛行機事故、戦争、その他の災害においても、犠牲となった人々には運命の日がありました。その時間にその場所へと彼らを促した、一連の出来事もまた、偶然ではありません。これらの人々は、三次元の見地からは犠牲者のように見えるでしょう。しかし、宇宙が描く、より大きな絵においては、犠牲者ではなく、彼らもまた自らの選択をしただけなのです。彼らの魂がそこに居ることを選んだ理由は、彼らと神のみぞ知ることでしょう。なぜなら、私たちは他者が、自らの魂レベルで選択した理由が何であるかは、知り得ないのです。そして、その選択には、物質界を旅立つタイミングも含まれます。そのような通常とは異なる環境において亡くなった人々は、とても大切な魂の学びを得るのか、あるいは人類へ何らかの奉仕を与えているのかもしれません。

だからといって、このような解釈をすることが、犯罪を大目に見たり、犯罪の言い訳になるわけはありません。愛しい人を傷つけられたり、命を奪われたりするところを目撃した、愛情深き人々の苦しみを和らげるものでもなければ、心の負担を軽くするものでもないでしょう。これらの全ては、悲しい出来事に間違いないのです。どんな理由があるにしろ、痛みの中に居る人たちには、思いやりのサポートが必要なのは確かです。しかし、その感情が、魂の選択した運命を帳消しにできないこともまた、確かなのです。なぜなら、魂の選択は、私たちの考える目的を、はるかに超越しているからです。

コリントの信徒への手紙において、使徒パウロは「私たちは暗く曇ったガラス越しに見ています」と書いています。つまりは、人間の見方は大変限られているということです。私たちは、個々の魂や魂グループへの、神の計画を知りません。ですが、思い返してみた時に、その出来事がなぜ起こったのか、ふとわかる時があります。その深い気づきは、思考によって理由づけられたものではありません。思考が羽織っているマントも、神性という光を遮ることはできません。その気づきは、恩寵によって与えられたのです。

暗い悲しい出来事においてさえも、偶然の域を超える、はるかに多くのことが起こっているのは否めない事実です。一九七四年、当時十七歳のネヴィル・エビンは、バルミューダ島をバイクで走っていた時に、ウィリアム・マンデーズが運転するタクシーと接触事故を起こし、死に至りました。それからほぼ一年後、十七歳になったネヴィルの弟であるエスキーンが、兄と同じバイクに乗り、同じ交差点で事故に遭い、死に至りました。事故の相手はタクシーで、しかも同じタクシーに乗っていた同じ運転手でした。その上、前回の事故の時と同じ乗客が乗っていたと、少年たちの父親、ジョン・ヘンリー・エビンが話していたとも言われています。

このような悲劇は、一体何が原因で繰り返されるのでしょうか。原因の一つとしては、もともとの出来事にフォーカスし続けたことが考えられます。怒りや恐れ、恨み、罪悪感、責める気持ちを通して、ずっとある特定の困難な出来事に注意を向け続けたとします。すると、「フォーカスするものを、またさらにもたらす」という傾向をもつ、引き寄せの法則が、ここでも働いてしまうのです。その科学的な法則は、私たちが何にフォーカスしているかには「頓着」しません。ただ同じ周波数をもつものを、もっと引き寄せるだけです。その法則そのものを変えることは、もちろん私たちにはできないでしょう。しかし、その法則を自分の好む結果が生まれるように、あるいは好まない結果が生まれないように、自由にうまく使うことはできるはずです。

だからこそ、「決して忘れない」というテーマのキャンペーンは、逆の効果を生む傾向があるのです。悲劇的な出来事を象徴する写真を貼り、その出来事を思い出し続けると、多くの人々が、それを長く記憶に留めることになるでしょう。すると、同じようなことを次々と繰り返させる可能性が、むしろ強まってしまうのです。しかし、だからと言って、残酷な体験を無かったことにすべきだ、不正に鈍感になって見過ごすべきだ、自分を弱い立場に置くべきだ、などと言っているわけではありません。大切なのは、トラウマとなる出来事から学びを受け取ったら、それを繰り返さないために、私たちにできることを全てすることなのです。おそらく、ネガティブな出来事は、私たちに変化すべき方向性を考えさせ、はっきりと導きを与えてくれているはずです。

つらい出来事をくどくどと話し続け、怒りをもち続け、仕返しを求めながら、犠牲者としてのアイデンティティをもち続けていると、私たちはより深いぬかるみへとはまっていくでしょう。望んでいないことにフォーカスすればするほどに、望んでいないものを手にしていくのです。そうではなく、新たに創造したい結果へと目を向け、それにできる限りフォーカスしなくてはなりません。加害者をゆるせば、同じ出来事を繰り返す可能性のカルマの鎖は切れます。

ゆるしとは、間違った行いを容赦することではありません。第三者が自分の幸せを決めるのだと見なし、その人に明け渡していたパワーを、また自分のほうへと取り戻すことです。そして、他者の間違いに関係なく、影響を受けることなく、ポジティブで望ましい結果を生み出せる、自分本来の力をまた手にすることです。自分の幸せを誰かに決めさせるのではなく、自分の体験に主導権を握るのです。つまりは、ゆるしとは、他の誰かではなく、自分自身へのギフトです。自分のマインドに平和を見つけたら、引き寄せの法則が動き出し、より平和的な体験が私たちのもとへとやってくるでしょう。そして、その幸せは他者へも拡大するはずです。

ネガティブなシンクロニシティが起きてしまったら、学びだけをそこから取り出し、祈り、ポジティブなマインドで居続けることで、ポジティブなシンクロニシティを引き寄せましょう。たとえ、ネガティブなシンクロニシティが続いていても、あなたの意識を向上させれば、出来事の潮目は変えられます。なぜなら、恩寵の法則は、引き寄せの法則を凌ぐものだからです。慈悲は間違いよりも偉大なのです。新たに、より良い結果を創造したいと心から望めば、高次の手は差し伸べられるでしょう。私たちに悲惨な体験の繰り返しは、求められていません。私たちには、いつの瞬間も、「今まで」を超える、新しい自分の運命を創造するパワーがあります。

『奇跡のコース』は、偶然は神の計画の中にはないのだと言います。神は愛であり、ただ愛であり、神は善で、ただ善ならば、出会いや出来事、全ての縁は、私たちの望むように動いているに違いありません。ですが、神の計画はあまりに壮大で、たった一つのこの頭では理解できません。驚くようなシンクロニシティは、その計画の複雑さと素晴らしさの両方を垣間見せてくれます。私たちはただリラックスして、宇宙が安心ある意図と目的と共に、私たちの人生を紡ぎ上げていくことを信頼していればよいのです。

シンクロニシティを強いることはできませんが、シンクロニシティに対して、心をオープンにすることはできます。罪のない無垢なマインドは、疑い深いマインドより、より多くの恵みを見つけます。「そして子がそれらを導く」（『イザヤ書』11章6）は、実際の子どもを示唆しているのではなく、奇跡へと大きく目覚めた内なる子どもを意味しています。あなたにも、人生とは、魔法のように、神秘と可能性に溢れているものだと信じていた頃があったはずです。ですが、時間の経過と共に、人生とは混沌としていて、行く先は決められているものだと、周囲から植えつけられてしまいました。さあ、今が、無垢な子どものような自分を取り戻す時です。マインドをオープンにすれば、無限の宇宙へのドアが開くでしょう。あなたを目覚めさせて癒すために、出会う人、出来事、全ての縁を、宇宙があなたに送ってきます。あなたが目の前に置かれたギフトを受け取れば、全ては変わるのです。

計画外の人生

友人のマリーンは、オールAの成績優秀な女子高生でした。人気者で、高校最後の年には、有名大学に行くことがすでに決まっていました。彼女をとても大切に育てている両親も、彼女が昔から夢見ていた海洋生物学者になる日を、とても楽しみにしていました。しかし、その道は、マリーンが予期せぬ妊娠をしたことで行き詰まりました。たくさんの涙を流し、両親や彼氏とも言い争い、内なる試行錯誤の結果、彼女は誰の賛成もサポートもなくとも、お腹の子を産もうと決めたのです。

マリーンは大学へ行く夢を破り捨て、高校を卒業するとすぐに、子どもの父親と結婚しました。しかし、その結婚はうわべだけで、彼は一年も経たないうちに去っていきました。小さなアパートに、十九歳の彼女と赤ん坊だけが残されました。家でできるアルバイトで暮らしながら、二人でやっと生きていたのです。

　娘が幼稚園に行けるまでに成長した時、マリーンは、獣医師のアシスタントの仕事を始めました。彼女はその仕事が大好きになり、その後、短大に通い、獣医師になるための学校に入りました。その間、六年以上の月日が流れましたが、資格を手にし、その学校で、とても素敵な男性に出会いました。彼は子どもの父親としても、ぴったりでした。二人は卒業の次の日に結婚し、北カリフォルニアにクリニックを開業しました。

　彼女はその後、動物へのホリスティックなケアに興味をもつようになり、その業界で、とても尊敬される権威ある獣医師となりました。彼女は今、素晴らしい仕事の成功と、新しい夫との間に生まれた男の子を含め、愛する家族との時間を楽しんでいます。彼女のかつての悪夢は、魂がもたらすギフトへと道を譲り、それは彼女がもともと描いていた未来よりも、もっと心満たされる結果になりました。道すがら彼女は、自立や信頼、困難からの復活において、貴重な学びを得ました。そして、それらは彼女があらかじめ計画していた道では得られないであろう学びでした。

　マリーンのように、予期せぬ出来事によって、自分が全く想像もしなかった方向へと押し出される体験をする人は少なくありません。たとえば、思い描いていたソウルメイトとは全く違う相手と恋に落ちたり、計画外の妊娠をしたり、健康問題に向き合わなくてはならなくなったり、失業や離婚、興味のなかった土地へ引っ越しを余儀なくされたり……など。反対に、とても感動する出来事が、晴天の霹靂のように現れることもあります。たとえば、とても条件のいい仕事のオファーや、尊敬できるメンターとの出会い、突然の霊的なひらめきなど。ジョン・レノンが歌ったように「人生は、君が別の計画を練って忙しくしている間に、君のところにやってくるんだ」なのです。

川の流れの予期せぬうねりが妨害しているように見えても、それもまた私たちを力強く前進させます。困難なことでさえも、起こった目的を理解できれば、人生をより良くしてくれます。私たちが、より大きな旅路を描く絵のモザイクの一部に、その驚きをはめ込めば、困難は奇跡へと変えていけるのです。

小さな自己は、知り得る限りの危険から自分を守り、その世界を維持できるように、操作し、コントロールしながら、人生を必死に計画しています。一方で高次の自己は、より賢明な意志を理解しつつ、人生の流れに乗ります。ある時点で私たちは、自分が計画したものを超える大いなる計らいや、カルマが支配しているような人生の場所にも留まり続ける、恩寵の存在を理解します。そして、予期せぬ出来事に対して、感謝やワクワクする好奇心、そして期待のみで応じるようになるのです。

私自身の旅路においても、今までに起こった最善は、全く計画したものではありませんでした。その出来事は、人生に対して、私が「こんなものだ」と思い描いていたもの、あるいは張り巡らしていた触角からは、ずっとかけ離れたものでした。人々や出来事は、思いがけぬところから現れ、驚きを運命へとその物語を変えていきます。神には、私自身がもっているものよりも、さらに良いアイデアがあったのです。これからその例をいくつかお話しします。

スラム街から聖なる領域へ

十三歳の頃のことです。私の家族は、いわゆる公的な「プロジェクト」によって、政府から低収入家庭への補助金を受けられるアパートへと引っ越しました。そこは、奥まったところに在る、犯罪やドラッグがはびこる、恐ろしい地域でした。アパートのエレベーターでは、いつも子どもが排尿していて、とても嫌な臭いがしましたし、恥ずかしくて学校の友人を家には呼べませんでした。共有の倉庫に忍び込んだ誰かが、私の家族がそこに置いていた物を全て盗っていったこともあれば、隣に住む男の子は、通りを挟んだ先の小さな女の子にいたずらをしていました。私もピンボールセンターを遊び場にして、革のジャケットを着て、通りをうろついていました。当時、私の世界は暗くどんよりとしていて、空っぽでした。生きる目的をどれだけ必死で探していたか、今となってはもう想像できません。

私にとってバル・ミツバー（ユダヤ人の男の子が十三歳になる時に行う儀式）は、空しいものでした。ヘブライ語の学校に通うのは大嫌いでしたし、こんな日々が早く終わればと思っていました。儀式とその後のパーティーは、歯を喰いしばって耐えました。両親にとっては重要なイベントでしたが、私にとってはそうではありませんでした。もう二度とこんな場所に足を踏み入れるものかと誓ったものです。

それから数か月後、十代の食事会が行われるとのことで、礼拝堂への招待状を受け取りました。あんな拷問部屋に戻る気もなければ、その理由もありませんでした。しかし、内なる声が私に「行きなさい」と言いました。自分でも到底信じられませんでしたが、今は、その声は私を自分の運命へと促してくれる、魂からのものだったのだと理解できます。

その食事会の席で、指導者でもある、ストゥという名の若いラビ（ユダヤ教の師）が、情熱的なスピーチを行いました。彼の話は、私の内側の何かを掻き立てました。ストゥは、私が初めて出会った、神とポジティブな愛の関係をもっている人だったのです。彼の瞳は輝き、優しさと思いやりに溢れていました。そして、私は彼のもつエネルギーに、瞬時に包まれました。

そんなこともあって、私はその若者たちのグループに属しました。そこは、それまでの私の問題だらけの世界よりも、はるかに健全で、良い影響をもたらしてくれるところでした。ストゥは、私にとっては愛すべき兄であり、良いお手本でした。彼は、私の中に、今まで誰も気づくことがなかった善さを見出してくれました。彼は私に若者たちのグループの長になるように促し、ほどなくして私は、夕方になると聖堂に行き、週末はグループの他の子どもたちと共に、ストゥの家で過ごすようになりました。私の人生は瞬く間に変わりました。危険なすみかを離れて、健全な家族のもとへ行く道を、私は見つけたのです。そのうち、私は若者のグループや大人たちにスピーチをするようになり、また聖堂でも参加者全員を前に、祈りを唱えるようになりました。こうして地獄の穴から引っ張り出された私は、やっと天国の芝生にその足を踏み入れたのです。

極度に保守的なユダヤ主義の中で、霊的な成長の道を歩み始めた私は、とても厳格な儀式も見てきました。が、その一方で、私個人の人生は、偉大な兄であるラビやそこでの仲間たち、そして私と神との関係性を中心に展開していきました。ストゥは後に、私のためにユダヤ系の大学に入るための奨学金を得てくれました。ここでの七年間は、私の全未来の軸足を証明して見せてくれました。若者たちとの食事会と、そこでのストゥとの出会いへの招待状は、自分で練っていたあらゆる計画よりも、はるかに深い場所に位置する、魂から私へ差し出された運命への招待だったのです。

私の手を通して、自然に生まれた書籍

結局、私は宗教性の強いユダヤ教の代わりに、スピリチュアルな道のりを歩むことにしました。その頃の私は、生き方を教えてくれる叡智を狂おしいほど求めていました。人里離れた禅寺で瞑想し、ヒンドゥー教のグルの前に座り、キリスト教の奉仕活動に参加し、ヨガの最も難しいポーズに挑戦し、悟りに導いてくれそうな本はどんなものでも手にしました。まるで、真実を吸い込もうとする掃除機のように。

その頃、私は友人のバーバラの家の屋根裏部屋を借りて、勉学や祈りに多くの時間を注いでいました。ある日、バーバラがサイキックであるヴィンセント・ラゴーンのリーディングを受けに行きました。彼女は彼に私の名前はおろか、一切の情報を口にしていなかったのですが、そのリーディング中、ヴィンセントが唐突に彼女に言いました。「アランに書くように伝えなさい」と。帰宅した彼女からその話を聞いて、私は奇妙なアドバイスだと思いました。なぜなら、私はそもそも書くことに興味などなかったのです。なので、もっと友人に手紙を書くように言われたのだ

と思いました。その時の私は、彼の提案を心の片隅に置いただけでした。

それから数か月後のある朝、自分の内側から聞こえてくる声で目が覚めました。「起きなさい。そして書きなさい」と。私は抵抗し、また眠ろうとしました。でも、その声は執拗に響き、私が起き上がり、屋根裏部屋の窓際に置かれた、木製の小さな机に座るまで続いたのです。ペンを取り出して、自分が今教えているヨガのクラスのレッスンで使えそうな考えを、いくつかメモし始めました。すると、アイデアが洪水のように次から次へと溢れてきて、私の手のほうがその流れに追いつかなくなってきたのです。まるで、今までの旅路を通して、一つの偉大なタペストリーが編み上げられるようにして、もう長く忘れていたはずの体験が、どんどん腑に落ちてきました。それからしばらくして、私自身が文章を生み出すというよりも、何かに突き動かされるような形へと、書記は変わっていきました。

まもなく、食事の時間と、自分のグラウンディングのために、近くの公園を長めに走る時間を除いて、一日に十時間から十二時間、私は机に向かうようになりました。そして、ある時点で、私を通して生まれたその本は、チャネリングされた詩的なメッセージを散りばめた、愛と人間関係、癒し、霊的成長の旅路に関するエッセイを集めたものであると気づきました。そして、私はその本に、こんなタイトルをつけました。『Dragon Doesn't Live Here Anymore（ドラゴンはもう、ここにはいない』（邦題は『求めるよりも、目覚めなさい』）。

書き上げて、作品をバーバラに見せると、彼女は微笑みながら、クローゼットからカセットテープを取り出してきました。それは彼女がヴィンセント・ラゴーンのリーディングを受けた時の録音テープでした。そして、私はそこでバーバラがまだ私に言っていなかった、彼のリーディングの続きを聞いたのです。彼はこう言っていました。「詩的なエッセイを集めたものがいいと、私は思います」と。これは、明らかに計画されたことだったのです。

この本はベストセラーとなり、その後の私の人生を根本から変えました。それからの私は、グローバルに飛び回り、ワークショップを開催し、いろいろな文化の人たちと交流し、読者の方たちとの大切な関係を広げていくようになりました。

それまでの人生で、本を書こうと計画した日も、そんな瞬間も、全くありませんでした。まるで時が熟してタイムカプセルがポンっと開くように、あるいは春の温かさが満ちた頃、種からの芽吹きが花へと変わるように、全ては自然に起こったのです。しかし、自覚している意識よりもはるか奥にある場所で、私はきっとその本を書くことに同意をしていたのでしょう。魂がその証明を携えて、私たちの人生を創造し始める時ほど、抗えない時はありません。

いいから行きなさい

出版してから数年後、ハワイ開催の有名なHuman Unity Conference（略称ＨＵＣ）で講演する招待を受けました。私はずっとニュージャージー州に住んでいたので、無料でエキゾティックな島々を訪問できると思うと、ワクワクしました。しかし、招待状の二ページ目を見て、ショックを受けました。この会議では、登壇者への謝礼金は支払われず、飛行機代や宿泊代、食事代、それになんと、会議への参加登録料まで自費で賄わなくてはなりませんでした。私は侮辱されたような気分になりました。その当時、他の会の主催者たちからは、かなりの講演料と旅費を受け取っていました。なので、私はぶつぶつと文句を言って、招待状を脇にポンと放ったのです。

そして、失望を静めようと、座って目を閉じ、瞑想を始めました。すると、その静かな時間に、年取ったヨギの顔が浮かびました。彼はターバンを巻いていて、黒く厚い乾いた肌に白いあごひげを生やし、目をきらきらとさせていました。彼は浮き上がり、私を祝福するように「いいから行きなさい」と言いました。彼の存在は優しく、心地よいものでした。瞑想から目を開けた時、私の気持ちは変わっていました。私の小さな自己はまだ反抗していましたが、内なる声は「会議に出席するように」と明確に言っていました。また、私はずっと前から、「どんなに金銭面での妨げがあっても、自分の導きには必ず正直であり続ける」と心に誓っていました。今、その誓いを試すように、求められているのです。

次の日、友人のベティから、彼女の自宅で開催されている、その日の夕方のプログラムに招待されました。季節は真冬でした。しかも、彼女の家は一時間ほど車を走らせたところにありました。しかし、またもや内側の何かが私に言ったのです。「いいから行きなさい」と。

到着すると、ベティはある人を紹介してくれました。それは偶然にも、私が招待を受けていたHUCの事務局の人でした。そして、彼がイベントを紹介するスライドを見せ始めた時、三枚目で、私は驚きのあまり口をあんぐりと開けました。そこには私が瞑想した時に出会ったヨギの写真がありました。「これは、セント・カーパル・セイという方で」と彼は続けました。「十三年前にこのHUCを設立したスピリチュアル・リーダーです」と。

この時、この会議への出席に残っていた最後の疑念は、瞬時に消えました。むしろ、行かないなんて、考えられません！

そうして、会議が行われるハワイに着いた途端に、私はこの島に恋に落ちました。私のお世話係の人が連れていってくれたビーチは、今まで見たことがないほどの美しさと祝福に満ちた場所でした。穏やかで明るい青い海。緑のヴェルヴェットに包まれた山々が、神秘的にそびえ立っています。頰をなでる柔らかく温かい風。私を歓迎してくれる亀やイルカたち。私のハートは平和に包まれました。地球上のどの場所よりも、居心地よく感じたのです。そして、なぜここに連れてこられたのかを知りました。

それから一年後、私はハワイに移住しました。この移住は、私の人生の最も豊かな祝福の一つだと証明されています。美しい環境と人々のアロハの精神は、神の恩寵の最高峰であり、それは私の教えと著書に溶け入り、多くの方たちの人生の向上のために、その波紋を広げ続けています。

大いなる魂をもつ小さな犬

ハワイでの数年が過ぎ、友人のバーバラ（先ほどのバーバラとは別の）が所有しているハワイ島の宿泊施設を訪れた時のことです。彼女は宿泊施設を営むかたわらで、ポメラニアンも育てていました。ある朝目覚めると、バーバラが私の部屋にとても可愛い子犬を連れてきて、私の枕の横に座らせました。「あなたの犬よ」と彼女が微笑みながら言いました。「彼の名前は、マンチー。マンチカンを短くした名前ね」と。

犬を探していたわけではないのに、私はその場でマンチーに恋をしました。彼と私がソウルメイトであることに、疑いの余地はありませんでした。それから何年も、マンチーは私の人生の親友で在り続けました。私たちは全てを共にしました。

ある時、年配のセミナー参加者が「あまりに惨めな気持ちだから、神に、私の犬と同じぐらいハッピーな気持ちで朝目覚めさせてくれるだけでいいから……と祈ったの」と私に言いました。そして、この言葉が、私の内側の何かを動かしました。「私は幸せな**時もある**けれど、マンチーは**いつも**幸せなのだ」と悟ったのです。それからは、マンチーを自分の「師」として見ることに決めました。自分と比べてみて、彼が彼自身を幸せにするためにやっていることを観察しました。私は彼からの学びを小さな本にまとめ、可愛い漫画の絵をつけて、『いつだって犬が幸せな理由』を自費出版しました。私は、愛する師であるマンチーへの尊敬の思いを、ただ示そうと思い、この本のほとんどの部分を、楽しむだけの目的で書きました。マンチーから学んだ、大いなる絵を描く教えをポケットサイズの本に詰め込んだのです。

ところが私の想像を超えて、この本は勝手に一人歩きを始め、驚いたことに、様々なところに行き着きました。バハマで、最高裁の開廷時にこの本からの引用文を読み上げた人が居ました。フランクフルトの展示会でこの本を見つけたギリシャの出版社からの依頼で、その素晴らしい国で毎年講演することになりました。メキシコのセミナー主催者も本を読んで、カクーンでのワークショップに招待してくれました。そこでは、パートナーのディーと共に、フォー・シーズンズ・ホテルに宿泊し、私たちはプライベートでも、費用の負担もなく、壮大なマヤ文明のピラミッドや神聖な場所への旅行を楽しむことができたのです。

更には、ニューヨークに住んでいる日本人女性が、この本の日本語版を出版したいと私に申し入れてきました。彼女は日本の出版社に原書を送り、出版が決まりました。日本でこの本の人気が出ると、経験豊かなプロデューサーが講演を依頼してきました。これを機に、日本での長きに渡るティーチングや、日本の生徒たちのためのハワイリトリートの開催へと導かれました。私は今も多くの日本の生徒や仲間たちと、ギフトに溢れた、深い関係を結び続けています。そして、私から彼らが学ぶことと同じぐらい多くのことを、私も彼らから学んでいます。私と日本とのつながりは、人生における大いなる祝福の一つだと確信しています。

ここで引用した予期せぬ出来事の数々は、人生のコースを変えるほどの、運命の強い力をはっきりと示しています。私が単に幸運だったからだとは思いません。また、こんな恵みを受け取るほどの特別な何かをしたとも思っていません。逆に、人生の大部分において、私は眠っていたようなものでした。だからこそ、天使を見ようともせず、単に目先しか見ていなかったあの頃でさえ、恩寵が私を想っていてくれたことに、私は驚いています。もし私が「した」何かがあるとすれば、それは導きに耳を傾け、それに従って行動し、自分のステップがきっとうまくいくに違いないと信頼したことでしょう。こんなに多くの人間が居ても、神は私たち一人ひとりがどこに立っているかを見つけ、高次の善へ向かえるように、思いやりと共に導くのです。

計画の手厳しい変更

時折、運命へ向かうための計画外の日は、さほど優しくも、お気楽でもないやり方を見せます。つらい状況が現れ、私たちに方向転換を強いるのです。しかし、そこにさえも好機があります。より偉大な計画が展開していくことを、私たちが受け入れさえすれば、全ての体験はより良い何かへと導き得るものなのです。

エリザベス・ギルバートは胸がえぐられるような離婚を経験し、もう一度自分自身を取り戻すために世界中を旅することを決めました。彼女の旅を記録した著書『食べて、祈って、恋をして』は世界的な大ベストセラーとなり、映画もヒットし、彼女を今までにない、また想像もしていなかった輝かしい人生へと押し出しました。

友人のジョン・ムンディは、キリスト教のメソジスト派の牧師でしたが、ある時期に『奇跡のコース』に興味をもつようになりました。ジョンの「コース」への情熱が強まるに従って、毎週行う自身の説法の中に、「コース」の原理をどんどん取り入れました。すると、集まる人たちが腹を立て始めました。なぜなら、「コース」の教えは、彼らの宗教的な見方にはそぐわなかったからです。結局、ジョンは解雇されました。しかし、この過激な人生の変化によって、彼は「コース」をじっくりと学ぶ時間と直感を得、全く新しい職へと可能性を広げたのです。彼は、『奇跡のコース』に関する十冊の著書を出版し、それが人気を博し、講演も引く手あまたになりました。今の彼の人生において、外側は、彼の内なる真実に調和しています。

スティーブ・ジョブズは、大学生の頃、心理学や哲学を勉強していましたが、興味を見出せませんでした。落ちこぼれた結果、西洋書道の授業を取りましたが、セリフやサンセリフ体の勉強が、アップルコンピュータの開発の創造的な土台になるとは、ほとんどわかってはいませんでした。私たちは皆、今や、彼のキャリアがたどり着いた先の驚くべき発明を知っています。それは、世の中のコミュニケーションや仕事のやり方に革命をもたらしました。もしジョブズが大学に留まり続けていたら、この世界は歴史的なテクノロジーの最高の進化を、いくつか取り逃していたことでしょう。

ジェフ・ベゾスは、婚前妊娠をした十代の母親のもとに生まれました。ジェフが十七歳の時に母親は離婚し、三年後、母親はまたキューバの男性と結婚しました。その男性の知っている英単語は「ハンバーガー」の一語だけでしたが、ジェフは彼の養子となりました。問題の多い家庭で人生をスタートさせたにもかかわらず、ベゾスはアマゾンの設立に着手し、今では十六兆ドルの売り上げに達する、世界で最も裕福な人となっています。スティーブ・ジョブズも、億万長者のオラクル社のラリー・エリソンも、共に養子として引き取られています。その養子としての生い立ちも、彼らだけの道へと彼らを掻き立て、後の莫大な成功のきっかけになったのかもしれません。

失望するような出来事は、重要な一歩を踏むためのパワフルな幕開けとなる可能性があります。何が起こったかよりも、大切なことはただ一つ。その出来事をどう活かしていくかです。ぶつかったり、打たれたりが、軌道を修正するのです。そして最後には、自分が想像していた到着地よりも、もっとはるかに素敵な場所へとたどり着くのです。

最も深い計画

今まで例に挙げたのは、計画外の困難を体験し、物質的な大きな成功へとスタートを切った人たちです。しかし、物質的な豊かさではないにしても、予想外の出来事の体験を通して、マインドやハート、魂の癒しへと導かれる人もたくさん居ます。それこそが、全てにおいて最も意味のある成功なのです。

かつて、ジャックという名前の囚人と文通をしていたことがあります。彼はマリファナの売人で、長い間、刑務所で暮らしていました。ある時、彼は自分の刑務所での時間を、スピリチュアルな成長に役立てようと決めました。気持ちが上向きになる本をたくさん読み、『奇跡のコース』を実践し、精神性を大切にする人たちとのやりとりを始めたのです。

ある日、ジャックは自分を警察に引き渡した人物が、警察に捕まって、自分の隣の独房に入ってくることになっていると知りました。その人物を待つ間、自分の魂との内なる対話をしました。彼は、その人物が自分を警察に密告したことに対する怒りを、乗り越えようとしたのです。そして、かなりの時間をかけて、やっと自分のハートに真に触れて、ゆるしを見つけることができました。彼は「これでやっと自由になれました」と、私に書いてきました。

その人物は結局、予定されていた独房には配置されませんでしたが、ジャックは人生におけるスピリチュアルな成長への一歩を踏み出しました。恐れと恨みから、愛と受容へと移行するための大きな一歩です。私の師はよくこう言っていました。「すでにもっているものから手にとって、欲しいものを作りなさい」と。何か間違いを犯したり、何かつらいことが起こったりして、人生が新たな方向性を強いてくる時には、その出来事が与えるスピリチュアルな気づきを手に取って、その変化を自由にうまく使えばよいのです。困難さのもう一つの側面には、常にギフトが存在しています。

外側の世界において、計画外の出来事が人生に「ひねり」を加えようとしているように見える時は、人生が私たちをスピリチュアルな道へと、ひねり戻そうとしている時です。脇道を行かされているようでも、それが実はまっすぐに進んでいます。エゴの計画では、私たちに同じ円を回り続けさせようとするか、あるいは二次元の平面を無限に跳ね回る点を描かせようとします。一方で、魂ははるかに広大な次元で動いているのです。スピリチュアルな旅路の目的は、自分は思っていたよりも、より多くの次元で生きられるのだと理解することでもあります。全ての出来事は、私たちを輝かしい悟りへと導きます。恐れも幻想も到達できないその場所が露《あら》わになるほどに、驚きも高まっていくでしょう。

宇宙と共謀する

共謀（Conspiracy）という言葉は、「共に呼吸をする」との意味合いから来ています。宇宙のもつ全ての要素は、「共に呼吸」をしながら、あなたが自分の運命を満たせるようにサポートしているのです。スピリチュアルな成長のための修練は、ある種、妄想症（パラノイア）の逆バージョンを必要とします。妄想症の患者は、目に見えない力が自分を傷つけ、殺そうと企んでいると信じています。信頼をもつ人は、目に見えない力が自分を助け、癒そうとしていると信じるのです。アルバート・アインシュタインは、私たちが答えなくてはならない、根本的な質問を投げかけています。「宇宙とは、友好的な場所だろうか」というものです。ギリシャ語の「メタノイア」とは、「マインドの変容」という意味です。あなたが「メタノイア」だとしたら、人生の場面の裏側で、それを司る歯車や車輪があって、あなたの運命が成就するようにあなたをサポートし、また他者のそれも満たせるように、他者をも助けていると信じられるようになるでしょう。

思い描いたような人生を終えられないのは、当然のことで、それがあてがわれた恵みの全てだと思っている人がほとんどです。ですが、それは自分で計画している人生が、神が私たちのために用意した真の人生よりも、かなり小さなものだからです。エゴは、唯一の真実である魂の計画には気づいていません。たとえ物質的な目標はまだ達せられていないとしても、霊的に成長して、マインドとハートがより大いなる真実へと開いたのであれば、あなたの人生には成功の曲が響き渡るでしょう。ちょっと脇に一歩退いて、人生にそのギフトをドアの前に置かせれば、愛がいつも自分と共に歩いていることを、私たちは謙虚な気持ちで理解できるはずです。

宇宙が創造したテーマパーク

ディズニーランドに行くと、それぞれの王国の入口に続く、カラフルな道があります。アドヴェンチャーランド、メインストリートUSA、クリッターカントリー、フロンティアランド、ファンタジーランド、ギャラクシー・エッジなど。私たちも、日常のテーマパークで、同じような選択肢をもっているようなものです。冒険したり、いろんな種類の動物たちと交流したり、ファンタジーに耽ったり、メインストリートに居続けるか、あるいは新しい未開の地を探索するか……たぶんギャラクシー・エッジ（銀河のきわ）をちょっと踏み越えるかさえ、選択しなくてはなりません。人生の選択肢を発見するために、スピリチュアルな本をたくさん読む必要もないかもしれませんね。たった一日、ディズニーランドで過ごしてノートをとれば、それで充分かもしれません。

それぞれの魂が、習得すべき原理を選択した上で、人生を通して学ぶために、この地球にやってきているとすれば、この世もとてつもなく大きなテーマパークだと言えるでしょう。人生全体をスキャンして見渡せたら、と思います。そうすれば、「この人生で取り組むべき」と、自ら決めてきた分野がどこにあるか、すぐに発見できるでしょう。肉体の健康問題かもしれませんし、豊かさや人間関係、自己表現、あるいは霊的な成長についてかもしれません。もっと言えば、自己受容や自分らしさ、明確な意思伝達や自己信頼、他者に明け渡したパワーを取り戻すことなどかもしれません。パートナーとの関係性の調和や健全な境界線を引くこと、恐れではなく愛を選択することかもしれません。それが何であっても、あなたが強くフォーカスし続けている人生の分野が、あなたの学びや成長のためのカリキュラムの基礎を作っています。

また、そのテーマは、最大の喜びを生み出すと同時に、最大の試練を課すものです。人生のテーマは、体験を通して強調されます。そうやって多くの角度から、そのテーマを探求することで、最も効果的に、与えられた課題を学ぶことができるのです。対比（コントラスト）を感じる体験からは、強い決断の必要性や、正反対のものへの理解を学べるでしょう。時には、人生のテーマから課される試練に圧倒されるかもしれませんが、困難な体験を克服して学べば、何もない人生よりも、はるかに多くの魂の成長を得ることができるでしょう。

人生のテーマが何であるかは、繰り返し起こるパターンによって見極められます。たとえば、「私はいつも依存してくる人を引き寄せている」「人は私のことをわかってくれない」、あるいは「権威ある人（上司など）が私をコントロールしようとする」などです。関係性を避けたり、もっと注意を引こうとしたり、自分の上司と口論したりしても、そのパターンを終わらせることはできません。そのパターンに力を与え続けている思い込みから卒業して初めて、終わらせることができるのです。つまりは、チェス盤の裏を見るのです。そして、コマをすぐに元の場所に戻す設定がされている磁石を見つけましょう。ナルシストの男性やコントロールを強いる女性、不公平な政府について不満を言うのではなく、そのパターンを「問題」として見せている、恐れや幻想を癒すのです。そして、これらの状況を、自分のテーマの習得に必要な鍵を手に入れるための、癒しのチャンスだと捉え直すのです。

要するに、自分のテーマからの試練を、学びのための最善の機会だと捉え直せばよいのです。コーチングのクライアントであるフリーダは、「八十二歳になっても、私はまだ自分の経済状況に苦しんでるの。人生最大の悩みの種よ」と言いました。なので私は、「もしかしたら、その最大の悩みの種は、本当はあなたの学びへの最善の道かもしれませんよ。お金の問題がクリアになれば、自分の人生の一番重要な学びをマスターすることになるのですから」と提案しました。フリーダは、「その捉え方、大好きだわ！　私はこのモンスターを倒しているのね。そして、このモンスターを倒すことも決まっているのね！」と言いました。

私たちは皆、人生でやることになっていることを、やっています。ですから、テーマから送られてくる学びに気づけなくても、心配しないでください。学びのほうから、あなたを見つけてやってきます。というより、もうすでにあなたと共に居ます。ですから、人生にできるだけ誠実に、向き合うだけでよいのです。そうすれば、あなたのテーマがもたらす喜びや困難は、あなたに向かって話しかけてきます。あなたに用意されたカリキュラムは、表面ではわからないもっと深いレベルで、もう決まっているのですから。

手を変え、品を変えて

多くの人たちが自分の選択を悔やみ、自分の運命を生き損ねるのではないかと心配しています。たとえば、ソウルメイトとつながる完璧な機会を台無しにした、間違った仕事を選んでしまった、自分の夢を叶えられないだめな場所に居る、というように。やりたいことができないような、あるいは、外圧に屈して自分らしく居られないような、そんな愚かな数々の選択をしてしまったと、自分を責めているかもしれません。

ですが、「歩みを間違えた」と、くよくよする必要はないのです。何かが欠けているという強い思いは全て、真実ではなく、幻想です。彷徨《さまよ》っているように思えても、あなたはちゃんと自分の道に居ます。踏み間違えたと思う歩みも、単にダンスのワンステップです。『奇跡のコース』には、「何かが欠けている」と信じているあらゆる状況において、あなたが「欠けている」と思うものは、あなたが「与えていない」ものだと書かれています。「外側の世界のどこかに、自分の空っぽな部分を埋めてくれる場所がある」、あるいは、「自分のこの空洞はそもそも埋まることはない」などとは、決して信じないでください。ブラックホールの呪いを内側にかけてはいけません。なぜなら、あなたが必要とする全ては、すでに与えられているか、手に入るものだからです。宇宙はあなたが自分のテーマを習得し、それに気づけるように、手を変え、品を変えて、完璧な機会を与え続けます。

たとえば、あなたが自分にぴったりな恋人を見つけられないなら、相性のいいパートナーが存在しないことが、問題なのではありません。「自分に与えられるものは限られている」という思い込みです。あるいは、深い関係性への恐れや抵抗があるのかもしれませんし、今のパートナーは頼りになるけれど、自分は相応しくないと思っているのかもしれません。現れても、あなたの希望を満たせず消えていく人は皆、あなた自身の自己価値の欠如や「足りていない」との思い込みに向き合うようにと促す教師なのです。自分の影の部分に向き合うプロセスは、恐ろしく、圧倒されるかもしれませんが、ネガティブな思い込みに光を当て続ければ、明らかにそれは真実ではなく、滑稽でさえあることに気づき、思い込みは溶けていくでしょう。あなたは完璧で、光り輝く、素晴らしい神のイメージのままに、神に似せて創造されました。ですので、あなたは完全に愛されるべき存在です。あなたを慈しみ、共に居ることに胸を高鳴らせ、光栄にさえ思うパートナーをもつ資格があります。そして、ギフトを見出せるような、深いつながりを築ける人たちも、そこかしこにたくさん居ます。

それが、あなたが「失敗」と名づけた人間関係が導く学びです。ですので、実は「失敗」ではありません。なぜなら、そんな一つひとつの体験を通して、自分にとっての正しきものや善きものをもたらす、宇宙のパワフルな力と、自分の完全なる価値を理解していけるからです。

一人のパートナーが自分に合わなかったからと言って（たとえそれが百人であっても）、大したことではありません。なぜなら、それでも、自分が「違う」や「これだ」と感じることを、見極められるように刺激してくれる人たちと、会い続けているには違いないからです。人生のキャスティングを司る場所からは、あなたが書いた台本に沿って、限りなく俳優たちが調達されます。そして、それはあなたが新しい台本を書き直すまで続くのです。デートしたり、結婚や離婚をしたり、共に働いたり、素晴らしい関係性、あるいは恐ろしい関係性を築いたとしても、その人たちは皆、あなたの目覚めのための代理人です。郵便局で後ろに並んでいる誰か、電話でパソコンのサポートの件で話した人、空港へ送ってほしいと頼んできた友人もそうなのです。ロスのダウンタウンに住んでいようが、ヒマラヤ山脈の掘っ立て小屋に住んでいようが、学びに必要な正しい人たちには常に会い続けています。地理的なことや社会的な条件は、運命には影響しません。必要な人やものは全て、あなたがどこに居ようが、あなたに使命を成し遂げさせるべく、あなたを見つけてやってきます。

カーテンの後ろに居る者

痛みの原因である、自分のマインドの暗い部分に気づく必要は、本当にあるのでしょうか。ただ、善にのみフォーカスし、ポジティブなヴィジョンに浸って、進み続けることはできないのでしょうか。もちろん、善きものへ目を向ければ向けるほど、より善いものが引き寄せられるでしょう。しかし一方で、テーマに関連した乗り越えるべき状況にも出会い続け、結局はそれにどう向き合うべきかを理解せねばなりません。解決を見るまでは、光を当て続けなくてはならないのです。

パンクしたタイヤを無かったことにして、運転し続けることはできません。「パンクした」と声に出し、修理しなくてはならないでしょう。しかし、実際には、パンクという表面の事実よりも、はるかに多くの意味がここにあります。走行の妨げや遅延になるだけではありません。パソコンの前に一日中座っているはずだったのに、タイヤを変えるために、外に出て作業を楽しめることもあるでしょう。走っている途中のパンクなら、業者を呼び、作業を待つ間に YouTube で人生に影響を与える動画に出会えたり、長く話していない親しい友人に電話をかけて、新たにより良い関係を築けるかもしれません。修理に来たトラックの運転手と驚くような共通点を発見して会話し、その優しさが彼の一日を変えるかもしれません。タイヤの古さやすり減りに早めに気づいたことで、高速で破裂する前に、新しいものと替えられてよかったと感謝するかもしれません。古い車を修理し続けるより、新しい車を手に入れたいのだと、自分の本当の気持ちに気づけるかもしれません。時間の無駄だと思える一つの出来事にも、限りない祝福の可能性があり、想像もしていなかったギフトを生むのです。ありふれた日常にも、壮大なものが隠れています。

自分を妨げ続けているパターンに気づくようになると、そのパターンは力を失い始めます。私はかつて、遠距離恋愛を繰り返し、彼女らに会えないことに不満を言っていました。しかし、ある時、自分こそが会えない原因であると気づいたのです。遠距離恋愛を選択していたのは、他でもない私でした。パートナーと親密になり共に過ごせば、日常的に問題が発生するだろうと感じ、そのことに向き合いたくなかったからだと気づいたのです。パターンに疲れ切った後、選択してきたのは自分だったと理解した時に初めて、別の選択をする自由を得ることができました。そして、まもなく近くに住む相手と出会い、長く関係を保ち、多くのギフトを得ました。外側の世界は、内側の完璧な鏡なのです。

幻想は潜在意識の中に隠れ、こっそりとレバーやダイヤルを回して、人生をコントロールしようとするのです。魔法使いが、カーテンの後ろに隠した機械のトリックを使って、オズの国の人たちを巧妙に脅かしたように。しかし、真実の光の前では、どんな幻想も耐えられません。カーテンの後ろには、いつもふざけて走り回る小さな犬も居て、マシンを引きずり、あなたが力を明け渡しているインチキな魔法を暴くのです。一度は窮地に陥ったドロシーが自分の力に目覚めたように、今こそ、あなたも自分の力を取り戻しましょう。そして、家に還るために必要なものは、全てもっていると気づきましょう。恐れることなく誠実な気持ちで、自分を妨げていた幻想という覆いをはぎ取るなら、幻想は本来の姿である「無」へと消えていきます。

最小限の抵抗で済む道

人生のテーマを示すためにやってきた代理人が、あなたに何をするかは、本質ではありません。スピリットは、あなたの気づきを助けるべく、様々な（時には驚くべき）「形」を通して、絶え間なくあなたに働きかけます。かつて私は、透視能力のある人に相談していたことがありました。

とても役立つ気づきを与えてくれる人だったからです。ある時、「まもなくあなたは息子をもち、その子によってあなたのハートはやっと開くことでしょう」と彼女に言われました。

その予言に、私は戸惑いました。なぜなら、その時私は誰とも付き合っておらず、また子どもをもとうとも思っていなかったのです。なので、私は彼女の言葉を「たぶん、間違い。たぶん、後々わかるかも。たぶん私には当てはまらない」という名前の、心の引き出しにしまい込みました。

しかし、それから程なくして、友人のバーバラが、私にマンチーを与えてくれたのでした。言葉では言い表せないほど、愛してやまなかったあの子犬です。彼は私の息子のような存在でした。思い返してみると、彼女は人間の子どもとは言いませんでした。自分のハートを開くことはもちろん、まるで父親が子どもから学んでいくようにして、私もマンチーから多くのことを学びました。私の人生のテーマは、最小限の抵抗で済むやり方で、あちらから私を見つけ出してくれたのです。

同じことは、子どもを欲していながら、なかなか実現しない母親やカップルにも起こります。血縁を強く信じているかもしれませんが、親としての喜びやレッスンを体験する方法は、他にもたくさんあるのです。たとえば、パートナーが居るか、独身であるかにかかわらず、養子をもらったり、里子を受け入れたり、学校や若者たちのグループでのボランティア活動をしたり、子どもの支援プログラムに参加したり、他にも子どもたちとつながる良い方法はあるでしょう。人の関係性は、肉体を通してではなく、魂を通して築かれます。肉体を通して結ぶ関係性につけられる、この世での呼び名は関係ありません。魂と結ばれれば、最高のギフトがもたらされる関係性となります。

人間ではなく、自分の芸術作品を「子ども」とする人も居ますが、それもまた親としての確かな体験です。あなたの魂からやってくるものは、あなたの子どもです。それらは、人間やペット、著書、絵画、作曲、建築、あなたが教えるプログラム、手入れしている庭など、スピリットから溢れ出る、あなた独自の表現であるなら、何であっても当てはまります。そして、その作品たちは、世界に波紋を広げます。人間の子どもと同じように、自分自身の道を歩み始めるのです。

ずっと子どもに恵まれなかったカップルが、養子をもった後、すぐに妊娠することも少なくはありません。引き寄せの法則が、ここでその力を最強に発揮するのです。そのカップルが、養子で引き取った子を介して、親としての波動にぴったり合致した時、子どもの誕生が現実となるのです。人生の全てには、あなたの周波数とフォーカス、そして意識が関係しています。

誤りも一歩となる

数年前のこと、パートナーのディーと共に休暇を取りました。そして、カルガリーまで、ロッキー山脈を経由し、景観を楽しみながら汽車で向かおうと計画しました。しかし、その後少し口論になり、結局、私が妥協して車で向かうことになりました。運転中には、私が普段はあまり聴かないラジオ局に、彼女がチャンネルを合わせているのを見ていました。すると嬉しいことに、なんと私の好きなムーディー・ブルースの歌が、そこから聴こえてきたのです。歌が終わるとDJが、彼らは今、カナダでツアー中だと言いました。しかもカルガリーでの、彼らのコンサートの日付は、私たちの現地到着後だったのです。私はすぐにコンサートのチケットを予約しました。こうしてこの旅は、一生心に残る特別なものになりました。二人の口論から始まったことが、二人とも楽しめる素敵なセレンディピティ（思いがけない幸運）へと導いたのです。

人生のテーマの道から、自分が逸れていないかどうかを語りたいなら、GPSはその比喩として最適です。旅の始まりにはまず、選択した目的地に導いてくれるように、GPSをセットしますね。道すがら、GPSは指示を出します。「ここを左に曲がってください」と。曲がり損ねたり、何らかの理由で曲がらなかったりしたとしても、システムはまた別のルートを示して、目的地へ導こうと再調整するでしょう。あなたはそのガイダンスを聞き損じたり、抵抗するかもしれません。しかし、いずれにしても、あなたが行く必要がある場所に向かう道は、もう一つ、いつも用意されているのです。

私は時々、山奥の滝を目指して、小川をたどって山を上っていく時があります。小川には、大小の石がたくさんあり、私はそこを飛び移りながら進みます。以前は、簡単で安全に行けるような最善のルートがないものかと探したものでした。その頃の私のマインドは、「目的地への正しい道は一つしかない」に囚われていました。しかしある日、同じ目的地を目指しても、無数の踏み石の組み合わせがあることに気づいたのです。

同じように多くの人が、「目的地への正しい道は一つしかない」という思考にはまっています。その正しい道を見つけられないなら失敗だ、と恐れているのです。あるいは、山頂までの道はたった一つで、他は全て間違いだと思っている人も居るでしょう。いずれにしても、その考えこそが間違いです。「白か黒か」のマインドを通して考え、悩んでいる人はたくさん居ます。しかし、宇宙とは、はるかに多様性に富み、恵み深いものなのです。ゲーム盤に描かれたマス目は、様々に彩られています。どこで「あがり」になるかは、あなたの選択ではありません。遅かれ早かれ、悟りを成す「あがり」の時はやってきます。しかし、どのルートを行くかは、あなたの選択によって決まります。リラックスして、自分にとっての最善を感じる道を選びましょう。選んだら、「全部失ってしまうかも」と心配するのはやめましょう。脇道を行ったり、回り道をするかもしれませんが、それらの道さえ、より偉大なる旅路を創り上げるために、一役かってくれるのです。

昔飼っていた犬たちの中に、おもちゃの取り合いが大好きな子が居ました。彼は居間のすみにあるおもちゃの山の中から一つを選ぶと、私にいつも仕掛けてきます。時々、彼は何を選ぼうかと、とても真剣に、それぞれのおもちゃにくんくんと鼻を寄せます。長いパープルの芋虫や細い緑のエイリアン、小さな黄色のひよこのぬいぐるみ。そんな時、私は彼に向かって言うのです。「どれでもいいからもってきてごらん。どれを選んでも、結局楽しめるのだから」と。

同じように私たち人間も、買うべきソファは褐色か、それとも緑色か、というような小さな選択に対しても、まるで宇宙規模に重要であるように悩みます。ですが、大きな絵から見ると、それは大したことではありません。大切なのは、選択している時の、私たちのマインドの状態です。混乱し、心配し、怖がっていれば、間違った選択をしてしまうでしょう。真の選択は、ソファではなく、意識に在るのです。褐色か緑色かでパートナーと口論をすれば、あなたは選択のポイントを見過ごしてしまいます。あなたの魂が伝えるテーマは、ソファの色ではありません。同じ「色」でも、あなたのマインドの状態を表すオーラの色が全てなのです。

とはいえ、全ての人生のテーマは、結局はシンプルないくつかの選択に集約されます。すなわち、愛か恐れか、完全性か欠如か、つながりか分離か、信頼か不信か、などです。選択の際にその間を行き来する思考が、マインドの状態を不安定にし、道を逸らします。スピリチュアルな師の一人であるバシャールは、「環境は問題ではない。在り方だけが問題なのだ」と言いました。平和で、喜びに満ちた状態を維持することを学べば、うわべがどうであれ、他人がどんな状態であれ、私たちは自分の道を進み、この地球に来て学ぼうと決めてきた原理を習得していくのです。

一つの学びを人生の別のテーマに応用する

一つのテーマについて学びを得るのが難しければ、別のテーマから得た学びを応用することもできます。ほとんどの人には、難しさを感じている人生の分野がありますが、同時にうまくいっている分野もあります。また、私たちは皆、盲点をもっているので、クリアに見えていない人生の側面もあります。ビジネスでは成功していても、人間関係では苦しんでいたり、身体的には健康であっても、自己表現においてはブロックを感じていたりするかもしれません。一人で居ると満足できても、集団の中では不安を感じているかもしれません。そういう場合は、うまくいっている分野についてわかっていることを、苦しんでいる分野に応用してみるのです。

ある女性をコーチングしていた時のことです。彼女は起業してとても成功していましたが、恋愛のパートナーは見つけられずにいました。「あなたのビジネスの成功において最も重要なスキルを聞かれたら、何と答えますか」と私は彼女に聞きました。

彼女は少し考えてから、「自分らしく居て、クリアなコミュニケーションをし、自分の顧客をサポートすることです」と答えました。

「もし同じスキルをあなたの親しい関係性に対しても使ったら、どうなるでしょう」と私は続けて尋ねました。

彼女は驚き、顔を輝かせて言いました。「きっととてもうまくいくと思うわ」

人生に働きかける原理は、普遍です。それらは、どんな時も、学びのどのテーマにおいても、人生のどの分野でも、うまく作用します。あなたは「この原理は、クライアントと会う時にはうまく作用しても、健康問題に関しては別だ」と信じているかもしれません。しかし、真実に例外はないのです。真実はいつも一貫しています。そうでなければ真実ではありません。真実にすでに紐づけられているはずの、人生のある分野を、まるで例外のように扱った上で、自分でその紐をほどいて、私たちは苦しんでいるのです。「この分野で通じる真実は、あの分野でも通じる」と信頼できれば、同じ幸せがどこでも手に入ります。

この世のテーマパークでの乗り物は、あなたに堂々巡りさせます。ですが宇宙は、あなたを次なる目覚めへと前進させ続けます。人生のテーマの探求は、大学での専門科目の取得に似ています。多くの異なるコースを取得しながらも、一つの核となるカリキュラムが、あなたの天職に向けて用意されています。スピリチュアルな存在としてのあなたの「天職」とは、目覚めであり、悟りです。それぞれのコースにある各クラスは、あなたの光を強めるためにあります。充分に乗りこなした時に、あなたはきっと、最初から魔法の王国に住んでいたという真実に気づくことでしょう。

魂の契約

パートナーのディーがまだ幼い頃、彼女の母親のベヴは、犬を家の中で飼いたがらなかったそうです。犬は部屋を汚すので、その掃除をしたくないと思っていたのです。

しかし、それから月日は流れて、私たちの家を彼女が訪れる機会がありました。そこで彼女は私たちの小さな犬、マルチーズのナニに出会い、すっかり恋してしまいました。「ナニみたいな子が欲しいわ」と彼女は言いました。「白くてふわふわで、大人しくて、尻尾をよく振るような子」と。それを聞いて、私たちはとてもいいことだと思いました。夫を亡くした後、彼女は一人で住んでいたので、若くて活気に満ちたエネルギーと共に居れば、きっとたくさんのギフトを得られるはずだと思ったのです。

それから、数か月後のことです。なんとベヴの玄関の前に、彼女が言った通りの犬が現れました。尻尾をよく振り、遊び好きな、人懐っこい、真っ白なビション・フリーゼでした。ちゃんと手入れがされていた様子だったので、迷い犬に違いないと彼女は思いました。そこで近所に貼り紙をしましたが、誰も現れませんでした。なので、彼女はその子犬に、バディという名前をつけて迎え入れました。そして、すっかり心を奪われてしまったのです。

ところが一週間後、ベヴにとっては残念なことに、近所に住む夫婦から電話がかかってきました。彼らは休暇から家に戻って初めて、犬が居なくなったことに気づいたのでした。彼らとの会話は短いものでしたが、バディが彼らのペットであることは明らかでした。電話から一時間後に、妻のほうが引き取りに来ました。ベヴは悲しくて胸がつぶれそうでしたが、返さなければならないと自分に言い聞かせていました。

持ち主の女性が引き取りに来た時、バディはベヴの隣のソファに飛び乗ると、動こうとしませんでした。その女性は何度もバディの名前を呼び、なだめすかしましたが、彼は決して動かなかったのです。明らかにバディは、彼の新しい友人であるベヴと共に居たがっていました。なので、その女性はいったん家に戻り、夫とその状況について話し合い、その日の夕方、また電話をしてきました。そして、「彼は本当にあなたと一緒に居たいようですね。どうかもらってください」

と言ってくれたのです。

こうしてバディはベヴの忠実な相棒となり、彼女の残りの人生の五年間を共にし、言葉では言い表せないほどの喜びを彼女へもたらしました。彼女がベッドでバディと一緒に寝て、食事中も一緒で、自分のフォークで与えていると聞いた時、私たちは本当に驚きました。かつて「家には犬を入れたくない」と言っていたのに、なんという劇的な変化でしょう！　愛は偏った見方を和らげ、心に直接語りかける方法を知っているのです。

ベヴが亡くなった時、ディーと私は、バディのことを、ベヴ以上に大切にする家族が他にあるとは思えませんでした。なので、私たちにはもうすでに五匹の犬が居ましたが、躊躇なく彼を家族に迎え入れました。そして、それから七年間、バディは今も幸せに暮らしています。

魂レベルでの約束

ベヴとバディは魂の契約を結んで出会いました。お互いに助け合っていくことを選択したベヴとバディの間には、とても深いレベルでの約束があったのです。あなたも、恋人、家族、友人、スピリチュアルな師や生徒、仕事の同僚、隣人、ペットなど、自分の人生に大きなインパクトを与える人や生き物たちと、とても重要な関係性を結ぶ契約をした上で、生まれてきています。高校時代のスポーツのコーチ、短い間でもデートした相手、結婚して共に家庭をもつ相手など、あなたが交流する人は誰でも、この神聖なる約束に従って現れます。全ての交流が完璧であるとわかれば、自分のもとにやってきた人は皆、互いの魂の成長を促すためのギフトを携えて出会ったのだと理解できます。

魂の契約には、二種類あります。まずは、あなたを愛し、サポートし、励ましてくれる人たちと結んだ契約です。彼らは親愛なる友人や家族であり、あなたを信じ、あなたのスピリチュアルな旅路においてポジティブな影響を与えます。たとえば、幼い頃からの親友や、無償の愛を与えてくれる祖父母、あなたの才能の炎を燃やす風を送ってくれる師、この上ない喜びを感じさせてくれる子ども、尊敬するメンター、あるいは、社会や人間関係における成功や貢献を強く促してくれる、お手本となるリーダーかもしれません。鍵となる瞬間に、互いの人生が交差するような魂の契約もあれば、人生を通じて、ずっとつながり合う魂の契約もあります。今までの人生で、最も自分を助けてくれたと思える人が居るなら、その人は間違いなく、あなたと魂の契約を結んでいることでしょう。

次に、あなたは自分に試練を課す人々とも、魂の契約を結んでいます。虐待やアルコール依存症、精神的な病、あるいは片親であること、学校での虐めなどもその試練に入ります。あなたを傷つけて去っていった配偶者、裏切った友人、手に負えない子ども、厳しい上司、あなたを出し抜こうとする同僚や仕事相手、無礼な隣人や横暴で利己的な政治家もそうでしょう。こんな人々は一見、悪魔に思えますが、実は天使なのです。自分は、彼らや彼らたちが作り出した状況の犠牲者だと感じているかもしれませんが、実は、自身の目覚めを促す目的で、あなたが自分でこの人たちを雇ったのです。彼らを恨み、抵抗して戦いたくなるかもしれませんが、彼らがもたらしたギフトに気づくに従って、あなたは彼らを祝福するはずです。彼らは真の意味では、あなたの友人なのです。劇が終われば、ヒーロー役も悪役もお辞儀をして舞台から去ります。楽屋に戻り、衣装とメイクを落として、一緒にやり遂げた舞台の成功を祝い、笑い合ってワインで乾杯するのです。

魂の契約をした相手の中には、あなたを愛し、サポートすると同時に、あなたをイライラさせる人も居ます。そんな両方を併せもつ人が居たら、間違いなく、この世に生まれる前に、共に握手を交わし約束しています。この場合は、彼らの優しさから恵みを受け取る一方で、あなたは彼らからの試練を克服するために、自身の魂の深くにある強さを見つけなくてはなりません。「愛と嫌悪の関係性」は、私たちに嫌悪を取り除き、愛を最大にすることを教えようとしているのです。かつて自分を妨げた状況に居ても、あなたが内なる平和をもち続けられるなら、あなたはその魂の契約から、晴れて卒業したということになるでしょう。

他者を助ける役目

一方で、あなたも相手にとっては、魂の契約を通して、英雄にも悪役にもなります。自分の学びのテーマを習得するために、あなたがその人たちを選んだように、その人たちもまた、あなたを自分のテーマの習得のために選んだのです。問題を抱えている誰かの苦しい時に、その人の味方になり、恩寵を広げる時、あなたは祝福を運ぶ人となります。お互いの人生をもっと楽に生きることよりも大きな目的は、私たちにはありません。

あなたの行動が誰かに試練を与える時、あなたはその人が学び、成長する機会を与えているということになります。意図的に誰かを傷つけるつもりもなく、あなたがその人の妨げになったり、その人が入っている檻をがたがたと揺らしたとしても、その体験をどのように消化していくかの選択は、その人にあるのです。怒る人も居るでしょうし、あなたをゆるす人も居るでしょう。あなたを非難する人も居れば、感謝する人も居ます。彼らは、あなたの犠牲者ではありません。あなたの行動は、彼らが恐れではなく愛を、妨げではなく平和を、分離ではなくつながりを選択するように促しているのです。そのことを彼らが知っていようがいまいが、好む好まないにかかわらず、あなたは彼らにとって、学びの上でのパートナーです。

こんな経験をしたことがあります。スピリチュアルな師に会いに行こうと乗った飛行機の中で、私はリンゴを食べていました。数回かじったところで、隣の席に座っていた男性が、急に私を押して遠ざけながら、唸り、しかめ面をしました。恥ずかしいことに、かじったリンゴの汁が彼にかかってしまったのだと知りました。それがわかった時、私は彼に謝り、食べるのをやめました。彼は私の謝罪を受け入れず、ぶつぶつ言いながら、そっぽを向きました。それからずっと到着まで、知らなかったとはいえ、隣の人に嫌な思いをさせたことを、私は恥ずかしく思っていました。

師に会った時、その体験を話しました。彼は、「その体験で、君が彼を助けたことは何であるか、わかりますか」と私に聞きました。「いいえ」と私は答えました。

師はこう続けました。「その人はきっと、『私はいつも飛行機で、煩わしい人の隣に座る』という思い込みをもっていたのだろうね。だからこそ、彼は君を引き寄せた。君は彼が書いたシナリオを演じた役者だったんだよ。彼がその思い込みに向き合い、自分に嫌な思いをさせる人をゆるすことを選択しない限り、あるいは、もっと楽しい人が座るのを引き寄せようと決めない限り、彼はこれからもずっと同じようなことに出会い続けるだろう。君がリンゴをかじる役から学びを得たように、彼にも彼自身の学びがある。だから君らはお互い、助け合って学び、成長するためにぴったりの、完璧な相手だったんだよ」

師の言葉は、自分が誰かの気分を害したと思える、全ての状況に言えることです。他人に迷惑をかけるからといって、自分の行動を後回しにしたり、責任逃れをして我慢し続けたりするべきではありません。また一方で、起こる全てのことには、スピリチュアルな成長のための理由があることも理解しておかなくてはなりません。その理由がわかれば、その体験は納得がいき、あなたは旅路の次のレベルへと向かうことができるでしょう。

魂の契約を全うするための代理人

魂の契約は、契約が全うされるまで、契約した相手やそれに類する人たちと、あなたを結びつけ続けます。大学時代、エレンという同級生と、しばらく付き合って別れました。ある日、エレンのルームメイトから、彼女が私に電話をしたがっているという、留守電のメッセージが入りました。それを聞いて、私のほうから電話したところ、私たちの関係はもう一度息を吹き返し、それから何年も続く付き合いがまた始まりました。後になってわかったのですが、エレンはルームメイトに、私に電話をするように頼んだ覚えはないとのことでした。彼女のルームメイトは、エレンがまだ私を好きでいることを知り、キューピットの役目をしてくれたのです。このケースでは、エレンのルームメイトは、私とエレンとの魂の契約を満たすための導き手でした。

たとえば、こんな話もあります。付き合いが長くなるにつれて口論が増え、互いにイライラを募らせるようになったあるカップルが居ました。そこで、今までこの関係に注いできた努力を終わらせて、他の人に目を向けようと互いに決意しました。二人ともオンラインの紹介サービスに登録し、別名を使って好みの異性を見つけました。会話を始めると心を奪われ、彼らはそれぞれの相手と新しいやりとりを続け、熱を上げていきました。そしてついに、それぞれの「新しい人」に会うことになりました。ですが、待ち合わせの場所に向かって初めて、その「新しい人」が、実はお互いであったことに気づいたのです！

また、もう一つの例をご紹介しましょう。中国の蒋《ジャン》地区に住む八十歳の徐濰坊《スウェイファン》は、八歳の溺れている少年を救いました。徐氏が高齢であったことと、彼が少年の傷の手当をしてあげたことが、当時大きく取り上げられました。しかしその後、驚くことに、三十年前に徐氏は、溺れていたその少年の父親をも救っていた事実がわかったのです。明らかに徐氏は、彼らの守護天使として、その家族と魂の契約を結んでいたのでしょう！

あなたにも、大切な約束を果たすための守護天使として、あなたに奉仕してくれる人が居ます。そして、あなたも誰かの運命を満たすために、誰かの守護天使として奉仕しています。そのような関係性こそが、互いの善のために在るべき姿です。

嫌な関係性から立ち去ろうとしても、お互いがそこからの学びを終えるまでは、宇宙が強い接着剤を使って、あなたたちを貼り合わせ続けます。私たちは考えも及ばない方法でつながり、お互いがやるようになっていることをやり、それぞれの使命を全うできるように、助けられているのです。

グループソウルの契約

その状況が楽しいものであれ、試練を伴うものであれ、私たちはその状況に関与する全ての人と、学びを分かち合うための魂の契約をしています。離婚をしたばかり、あるいはこれから考えている人をコーチングすると、彼らは離婚が与える、子どもへのネガティブな影響を恐れます。クライアントとのコミュニケーションやカウンセリング、思いを込めた祈りなどを行わず、熟慮することなく、私から離婚を勧めることは決してありません。ですが、クライアントが離婚をすでに決めているならば、子どもにもこの離婚から得る、彼ら自身の新たな学びの道があるのだと説明します。なぜなら子どもは、自分の成長のために貴重なレッスンや機会を与えてくれる両親と、魂の契約をして生まれてきているからです。互いに愛し助け合う両親を見ている子は、離婚の有無に関係なく、人間関係におけるポジティブなお手本を得ているでしょう。優しさと共に、互いを尊重して離婚したカップルが与える、子どもへの影響は、共に暮らしていても沈黙のまま、嫌悪し合い、優しさを欠いた離婚をして、それぞれの人生へと去ったカップルが与えるそれよりも、はるかに彼らを元気づけるものでしょう。問題の多い離婚の渦中にあっても、子どもたちは自身の内側へと深く目を向け、状況を理解し、そこから成長しなくてはなりません。彼らは恨みや敵意ではなく、調和に向けての努力によってこそ、うまくいくのだと学べるかもしれません。別れた両親がそれぞれ異なるライフスタイルで居れば、それぞれのスタイルの良さと悪さを見ることで、後にやってくる人生の大切な岐路での選択の際に、役立てられるかもしれません。体験を賢く消化するために、彼らはきっと最善のものを手に取り、残りは置いていくでしょう。

私のクライアントのトムには、実の父親と義理の父親が居ました。彼の実の父親は派手な性格で、賭け事をし、酒やパーティーを好み、よく笑い、旅行好きで、女性好きでもあり、その全てが離婚の原因となりました。一方、義理の父親は正反対で、静かで、内にこもりがちで、真面目、保守的で、抑制のきいた人でした。小さな頃、トムはこの二人の父親の大きな違いに最初は戸惑いましたが、成長するにつれて両者から学んでいきました。彼はこう言っています。

「実の父からは、気前の良さや高価なものに手を伸ばすこと、楽しむこと、リスクをとりながらも人生を意欲的に探索していくことを学びました。しかし、彼のいきすぎた部分からは反面、バランスを保ち、他人の気持ちを尊重する大切さも学びました。義理の父は、安定と約束を守る大切さ、もっているものに満足することを教えてくれました。しかし、彼は真面目すぎて、気難しくさえありました。なので、私は決して彼のように、自分の内側に暗い穴を掘らないと決めました。結局、二人の父から、どうすればうまくいくか、いかないかを学びました。今、成長して自分の家庭をもっていますが、それぞれの父親のポジティブな面を最大限に活かし、ネガティブな面を最小限にしようとベストを尽くしています」

トムの母親と二人の父親には、自分以外の全ての家族をも織り込んだ、彼ら自身の魂の学びがありました。彼の母親は二人の対照的な性格から学び、父親たちもまた彼女と息子をどう扱えばよいかを見出さなくてはなりませんでした。一見したところ、性格も目的も異なる者たちが集まってできたシナリオのようですが、関与した全員にとっての、完璧な魂の成長の機会がそこにありました。そして同じことが、全ての家族や、他の社会的、あるいはビジネス上の関係性にも言えます。

ある状況や組織との魂の契約

魂の契約には、状況や条件、組織などと結ばれたものもあります。たとえば、健康面での試練に向き合うことで、忍耐や根気強さ、信頼、助けを受け入れる気持ちなどを養っていけます。また、自分が価値を感じられる癒しの方法を見極め、自分の霊性に気づけたり、高次の力との関係を深めることもできます。エゴは健康問題を後退と判断しますが、スピリチュアルな成長ができれば、そこにはとても重要な魂の前進があるのです。

健康問題をバネにして、とても大きな霊的な成長を果たし、お手本となって、周囲の人たちを刺激する人も居ます。フランクリン・D・ルーズベルトは、（彼の魂の契約と考えられる）ポリオ（急性灰白髄炎）によって、三十九歳の時に下半身が麻痺しました。しかし、車いすでの生活に留まることなく、アメリカで前例のない四期連続当選の大統領として、世界大恐慌と第二次世界大戦の間、国を巧みに導き続けたのです。スティーヴン・ホーキングはALS（筋萎縮性側索硬化症）による身体の衰弱に苦しみましたが、歴史に残る最も有名な物理学者としての地位を手にしました。ホーキング氏は、マインドは肉体の状態には影響されないことを、疑いの余地なく証明しました。スピリチュアルな師であるラム・ダスは、重度の脳卒中になり、言葉と身体が不自由になりました。しかし、肉体のダメージはスピリットには及ぶことなく、話す力を取り戻しました。脳卒中になる前と変わらず、彼は愛すべき、思いやりに溢れた世界的な教師で居続けました。これらの尊敬すべきリーダーらは、各々の肉体的条件を、むしろ逆手にとって、肉体を超えてスピリットは上昇するのだと証明しています。

また、魂の契約は、組織や政府と結ばれたものもあります。共産主義のロシアで育ったある女性が、党の方針に従わない国民に対する、政府のひどい罰と仕打ちを記事にしました。その結果、共産主義のその罪深い絶頂期は、皮肉にも自らの終焉を招くことになったのです。

そしてまた、彼女の記事は、当時のロシア政府と同じような方法で、信奉者を罠にはめ、束縛し続ける宗教団体やカルト集団も思い起こさせます。事実、威圧的な宗教団体やカルト集団、囲い込みをもくろむ、たちの悪い組織などから離れようと決めた人たちを、私は知っています。彼らは、自分自身の内側に深く飛び込み、家族やコミュニティからの莫大な圧力を受けながらも、その場を立ち去る勇気を見つけなければなりませんでした。その後も家族や組織からの嫌がらせや辱めを受け続けながらも、新しい人生を構築するために、自分の選択をしっかりと握り続ける必要がありました。こんな並外れた勇敢さは、彼らがそんな組織に居たままであれば、育ち得なかったものでしょう。ですから彼らはある意味、自分に試練を与え、スピリチュアルな成長を促すべく、その宗教団体やカルト、家族を自分で雇ったのです。『奇跡のコース』は、もっと広い見地から、「試練」という言葉は神の子（私たち全員を意味します）には適切ではない、と言っています。なぜなら、私たちの真の自己は、外側の世界における、自分と対立して見えるどんなものよりも、実は偉大だからです。

地理的な、政治的な魂の契約

同じ町や地域、国に住む人たちも、同じような魂の学びを分かち合うために、引き寄せられています。私たち一人ひとりがそうであるように、どの場所にも個性があり、それぞれにギフトや困難があります。同じ場所に暮らす人たちには、しばしば似通った信念や生活様式がありますが、それはその場所に住むことでそうなったのではなく、その場所のもつ価値観に彼らが合うものをもっているからです。住む場所というのは、自分で選択できます。しかし、彼らは好んでそこに居続けています。中西部の農場で育った人は、自分がマンハッタンの地下鉄で毎日仕事に向かうイメージはわかないでしょうし、反対に生粋のニューヨーカーは、田舎では混乱してしまうでしょう。皆が自分の好んだ場所に居ます。そして、それはそれぞれの魂の選択に結びついています。

自分に聞いてみてください。「　　　　　　」に住めば、私はどんなスピリチュアルな成長ができるだろうか」と。そうすれば、自分がそこに居る理由を理解する鍵を見つけられるでしょう。

多国籍の人が集う都会に住む人たちは、同じ国籍の人だけの、世界から比較的閉ざされた小さな町に住む人たちよりも、多様な学びの機会を得て、経験できるでしょう。戦争を体験し続けている国では、争いの経験が少ない人々とは異なるマインドセットで、暮らしているでしょう。貧困に苦しむ国に住む人は、より裕福な国の人とは異なる目を通して、世界を見ているでしょう。あなたが実際に住んでいる場所は、あなたが心の中で住んでいる場所と強く関係しているのです。

魂の契約はまた、政治面でも見られます。政治家や政治的な出来事は、大衆の潜在的な信念を反映しています。ブースの中で投票をしたとしても、根本では自分の意識を通して投票しているのです。個人であっても、国であっても、世界は私たちの思考から創造されています。その国のリーダーシップを誰が握るかも、決して偶然ではありません。どのようにして選出されたか、選出され続けているかにかかわらず、大統領や首相は、その国の国民の強い潜在意識の選択を象徴しています。私たちが目にする「外側」の全ては、集団であろうと、個人であろうと、内側の「ここ」で何が起こっているかに応じているのです。

過去二十年間で、アメリカでは一般投票では大敗し、選挙人投票で勝利した二名の大統領が選出されました。選挙結果の公平性に異議を唱えた人たちが多く居ましたが、全ての出来事は、厳正で普遍的な法則に従っているのです。リンゴの木の下に居て、リンゴが落ちてきたら文句を言いたくなりますが、リンゴはただ重力の法則に従っただけです。しかし、いったんその法則を理解したら、それを自分のために使うこともできます。魂の選択による力は、私たちが生み出した、政治の選択のための物理的方法など軽く超えるのです。政治家は皆、良くも悪くも、その町や州、国の意識を反映しています。

君主制や独裁制などで国民が投票権をもたない場合でも、そこでのリーダーシップは、その国の人たちの意識を示しています。国民は自分たちには力もなく発言権もないのだと、ただ受け入れているのかもしれません。あるいは、政治家は腐敗している、政治とは本質的に悪だと、信じ込んでいるのかもしれません。人口の増減もまた、誠実さの有無の表れと言えるでしょう。そして、それもまたリーダーシップを映し出しています。誠実な国は、誠実さを欠いたリーダーを支持することはできません。なぜなら、そんな状況は普遍的な法則に反することだからです。

個人の人生は、その人の潜在意識における力を完璧に表すものです。同じように、一国の健全性もまた、その国のもつ強い意図を表しているのです。

大衆の意識が変われば、その変化はリーダーシップに反映されます。過去数世紀の間、全ての国は、多くの自己中心的な、暴君的、あるいは常軌を逸した君主制によって統治されていました。

その後、国民は抑圧に耐えられなくなり、反乱を起こしたのです。彼らは革命を通して「票を投じ」ました。要するに革命とは、進化によって流れが変わった瞬間です。アメリカは、イギリスの法律から自らを切り離し、巣立ちました。フランス人たちは王を屈服させました。ロシア人たちは皇帝を追放しました。君主制や独裁制を残す一握りの国はありますが、今やほぼ全ての国が、民主主義によって動いています。人類の意識は、抑圧を受け入れることをやめ、抑圧を超えて成長してきました。これは、大衆の魂の成長を反映するために、政治も変化したことを同時に意味します。もちろん今もなお、自由な国であれ、腐敗的な要素が残る部分はありますが、それもまた集合意識を表しているのです。

政治的な状況は、案外深いレベルで私たちの魂へ学びを与えます。利己的で悪意ある支配者を選出し、受け容れたことにより、どっちつかずのリーダーでは決して起こり得ない影響力のある変化を促すからです。悪意ある支配者は国を二つに分けます。なぜなら、国民はそれぞれ、闇に従っていくか、光のもとに立ち続けるかの選択を迫られるからです。そのプロセスが決して容易く、心地よいものでなくとも、民や国がそこから得た魂の強い力は、その国の計り知れない進化を推し進め、世界へと広げていくでしょう。

かつて、アメリカは、奴隷制か自由平等かの選択をしなくてはなりませんでした。南アフリカ共和国も、アパルトヘイトか人種的平等かを選択しなくてはなりませんでした。二つの国には、この転換期、大きな抵抗からの産みの苦しみがありました。昔ながらの固定観念が、それをスムーズにやらせてはくれなかったからです。しかし、二国はやり遂げました。そしてその結果は、それぞれの国と人類にとって、記念すべき一歩となりました。ですから、南アフリカ共和国のネルソン・マンデラ大統領や、アメリカのバラク・オバマ大統領は、単に多数の投票を得て選出されたのではありません。有権者たちの意識の抜本的なシフトによるものだったのです。

魂の約束を「破る」ということ

虐待的な関係性や嫌いな仕事、あるいは、健康に制限がある状態など、自分が抑圧的な状況に居ると感じる時、「魂の契約が私をここに結びつけているのだから、ここに留まる必要があるのだ」と信じがちです。何か学びを得るために、その状況を自ら創造したという点においては、ある意味、部分的には真実と言えるかもしれません。しかし、それが真実の全てではありません。なぜなら、「どのようにしてそこから脱するか」というのもまた、その状況におけるあなたが学ぶべきことの一つだからです。どんなに困難で、苦痛で、また長年に渡る状況であっても、癒される可能性をもっています。健全なるヴィジョンを決して手放さないでください。奮い立たせるヴィジョンが、厳しい条件下のものを癒していく様子を知りたければ、スピリチュアルなヒーラーであるブルーノ・グルーニングの施術を受けた、患者たちの実例動画を見るといいでしょう（www.bruno-groening.org/en/healings/physical-healings）。明らかに回復不可能に見える状態から癒された患者たちが、健康な新しい人生を手に入れていく、驚くべきケースがたくさん見られるはずです。

私たちは、対比を感じる経験を通して、最も鮮明に学びます。ゴムボールは床に向かって叩きつけた強さによって、その跳ね返りの高さが決まります。強く叩きつければ、床面でそれだけ強くボールが収縮し、跳ね返りはより高くなります。精神的に厳しい収縮を生む状況に居る場合、そこから離れることを学ぶにつれて、あなたの「跳ね返り」は、居続ける場合よりも高くなります。有害な関係性や抑圧的な仕事を抜け出すために、肉体的な癒しを見つけるために、あるいは虐待的なリーダーを失脚させるために、叡智と勇気、そして自己を尊重する心を奮い立たせれば、今まで甘んじていたシナリオでは得られない、霊的な強い筋肉を鍛えることができるでしょう。ですから、魂の契約の目的は、不幸せな状況に居続けることではなく、そこから抜け出して、成長する学びなのです。

✳

この世で結ぶ契約は、私たちの魂の契約の氷山の一角でしかありません。究極の契約とは、あなた自身と神との間に交わされているものです。また、あなたは神の一表現ですから、そういう意味では、あなたとあなた自身の間で交わされている契約です。幻想の家に入っていき、そこで真実への道を見つけると合意しているのです。魂の契約は、きちんと実行されれば、あなたの目標の達成を助けます。そして、自分をサポートしてくれた契約相手だけでなく、試練を与えた契約相手のことも祝福できるでしょう。出会う全ての人は学びのパートナーであり、全ての交流は目覚めへの招待状です。肉体ではなく、魂の存在であるあなたにとって、魂の契約は、自分の真のアイデンティティや力、そして価値に気づくように、あなたの意識を清める完璧な手段なのです。それぞれの体験は、あなたの心の奥深いところで完璧に仕組まれていて、この世に生まれて手にすることを約束された最高の輝きへと向かう、踏み石の一つひとつなのです。

「ソウルメイト」から「唯一であり全て」へ

皆、自分の人生を完成させてくれるような特別なパートナーに会いたいと焦がれています。たくさんの苦しい体験に耐え抜きながらも、愛する人を求め続け、約束の相手を手にした至福の喜びを讃える、ロマンティックな歌や小説、映画は後を絶ちません。中には、完璧なパートナーを探す旅が、人生の原動力そのものになってしまっている人さえ居ます。

しかし、愛の探求において、正しいパートナーを見つけること以外に、もっと別の何かがあるのではないでしょうか。恋愛や結婚の事実だけが目的ではなく、その関係性を結ぶ深い理由や学びがあるのではないでしょうか。相手を探す旅は、魂や運命の意図に、どのように関係しているのでしょうか。

親密な関係性は、とてもパワフルな魂の成長の機会を与えてくれます。私たちは一見、自分を幸せにしてくれる誰かを探す旅をしているようですが、実はその関係性がどんな状態であれ、幸せを選択する方法を学んでいるのです。ソウルメイトとは「人」だと考えられがちですが、実は「魂」です。あなたの魂を呼び起こしてくれるようなパートナーであれば、その関係性にはとても価値があります。反対に、あなたの魂を窒息させるのであれば、それは害となります。今一度、その関係性を立て直す方法を見つけるか、そこから去らなくてはならないでしょう。前者が常に好ましいですが、時には後者が必要な場合もあります。どんな道のりを選ぶかは関係なく、その関係性を通じて真の自分により近づけるのであれば、あなたにとって、とても役立つ体験と言えます。

苦しい幻想と癒しの真実

パートナーと共にする時間からのギフトは最高のものですが、その一方で、つながりが不健全であると悲惨な現実を生むことがあります。なぜなら、パートナーの行動を変えることができれば、内なる平和を手に入れられると信じてしまうからです。その結果、自分のパワーを愛の利害関係へ明け渡すことになります。これは決して賢い選択ではありません。あなたを幸せにする力をもつ人は、同時にあなたを不幸にもする力をもちます。あなたは、天にも昇る気持ちと地に落ちる気持ちを繰り返し、彼らの気分や気まぐれの操り人形となってしまうのです。賢い選択とは、自分で自分自身を幸せにし、パートナーを自分の幸せの源として依存しないことです。幸せの源は、パートナーではなく、あなたの内側に在ります。

人間関係における全ての痛みは、幻想を信じた結果として生じます。「真実は傷つける」との言葉がありますが、これは偽りです。真実はただ癒すのみです。恐れに支配されたマインドが見せるまやかしのみが、私たちを傷つけるのです。幻想を幻想であると理解すれば、後ろに隠れていた真実が姿を現します。悲しみから解放されて、手にして当然の幸福の中に、自分自身を構築できます。

ここからは、人間関係において苦しみを生み出す、主要な五つの幻想と、それを帳消しにしてくれる真実について、お話ししましょう。

【偽りの信念1】私は空っぽで壊れている存在であり、
私が完全になるためには、別の誰かが必要である。

あなたはすでに完全な存在ですから、誰もあなたを完全にすることはできません。自分を完全にしようとすればするほど、ますます自分を空っぽに感じるでしょう。偽りをベースにする行動は結局、偽りを強めるだけだからです。人間関係における偽りの前提は、「自分には足りないものがあり、誰かがそれを埋めてくれる」というものです。個性において必要なものはあるでしょうが、魂にはありません。そして、人間関係は、補うものを探すのではなく、完全性から付き合う時にのみうまくいきます。

全ての人間関係は、あなたの魂を輝かせるための招待状です。自身の内なる美しさや力をわかっていれば、あなたを見る全ての人が励まされ、あなたという存在と共に居たくなるでしょう。完全性を信じる人は、完全性を信じる人たちを引き寄せます。自分は空っぽだと信じる人は、同じように自分を空っぽだと信じる人たちを引き寄せます。ぎくしゃくしてしまった人間関係を見てください。自分は欠けていると思っている二人が、それぞれの欠如を埋めようとしますが、そもそも欠如がないのですから、決してうまくはいきません。欠如を感じる全ては、誤ったセルフイメージから来ています。自分が愛すべき存在だと証明してくれる誰かを待つ前に、自分でセルフイメージを上げましょう。

自分のために自分でできることがすでにあるのに、誰かがやってくれると期待するのはやめましょう。ありのままの自分に感謝すれば、あなたの自己愛を批判するのではなく、その愛を映し出してくれる人を引き寄せるでしょう。また、自分自身への批判の気持ちをもっているなら、自分を批判するパートナーを責めることはできません。目の前の人は、単にあなたの癒されていない思考を鏡のように映し出すことで、あなたが自分のその思考に光を当てて、癒せるようにしてくれているのです。自分に感じている欠陥を手放し、内なる強い輝きを受け入れましょう。そうすれば、あなたの弱さではなく、強い美しさを見ているパートナーが引き寄せられてきます。自分を欠陥だらけだと思い込むのをやめて、代わりにあなたのもとにすでに在る「神性」を、アイデンティティとしてください。パートナーを何とか変えようとしなくても、彼（あるいは彼女）の行動が変わるのを待たなくても、自分自身への愛を高めていけば、今目の前の関係性も向上していくでしょう。内なる豊かさを知ることが、人間関係への黄金の鍵なのです。人間関係はあたかも、善いものを外から取り込み、自己価値を承認するための道のように見えますが、もっと本質の部分では、自己発見の旅路なのです。

【偽りの信念2】私には、ソウルメイトはたった一人しか居ない。

「唯一の人」を探し始めるのであれば、どんな「唯一の人」を探すのかに、まず注意が必要です。あなたは、自分の「双子の炎（ツインフレーム）」や「魂の片割れ」と呼ばれる人を探しているのかもしれませんが、全宇宙を司る愛の炎は、たった一つです。魂は決して割れたことはありません。全ての幻想を生み出しているのは、隔たりの思考です。あなたと愛との間に隔たりはありません。分離はないのです。なぜなら、あなた自身が愛だからです。

もし、恋愛が「人生は『唯一の人』を見つけることで意味をもつ」と約束するものだとしたら、その人を見つけられなければ、人生はめちゃめちゃになるでしょう。あるいは見つけたとしても、失ってしまえば、呪いは二倍になります。これらは全て、恐れと欠如から生まれた作り話であり、あなたが真の愛を知りたいのであれば、却下すべきです。

「唯一の人」を探す旅は、全過程を通して、「二つ」から「一つ」へと移行する、スピリチュアルな道のりであるべきです。しかし、その「一つ」は人ではありません。「一つ」は、「唯一であり全て」を意味します。あなたや全ての生きとし生けるものを介して表現している、唯一の神です。肉体は数えきれませんが、スピリットは一つです。「最愛の人」を探す旅を、「最愛」を探す旅だとしてみましょう。そうすれば、あなたは満ちたる幸せへと続く道に立てます。

パートナーとして、あなたに相応しい人はたくさんいます。なぜなら、あなたが真に探しているものは、人ではなくエネルギーであり、事実ではなく体験だからです。自分には補充すべきものがある、自分のパートナーになる人は限られているとは決して思わないでください。神は、あなたにパートナーとなり得る人を、いくらでも送り込むことができます。一人に過剰に執着したり、手の届かない遠くの人（それらはよく悲劇的な要素や絶望的な障害を伴っています）を候補にしたりしなければ、きっとあり余る多くの「メイト」の中から、長く育《はぐく》める愛を見つけることができるでしょう。
エゴは、「不足している」との思い込みを使って、私たちをコントロールし続けようとします。反対にスピリットは、供給が無限であることを知っています。神は私たちの愛へのアクセスを制限することはありません。制限しているのは、私たちなのです。神と共に考えれば、自分が欲し、必要とする全てのパートナーへのアクセス権を手にできるでしょう。

【偽りの信念3】パートナーに私が欲するような人になってもらうには、私が彼（あるいは彼女）を正し、変えなければならない。

誰かと恋に落ちて、パートナーとなったからといって、相手のありのままを受け入れたわけではありません。ありのままのその人と居て、幸せを感じられるのであれば、もちろんあなたは行くべき道を歩いています。しかし、完璧なパートナーに関する条件リストが秘密裏にあり、その人を当てはめようとしているのであれば、彼（あるいは彼女）だけでなく、双方が崖っぷちに追い詰められる、苦難の道へと進もうとしています。
相手の最高のヴィジョンをもち続けることは、大切なことです。あなたが相手を正すまで待つのではなく、今この時に、その人が愛らしく、価値ある存在でなければなりません。あなたは自分をそのまま愛し、受け入れてくれる誰かを求めているでしょう。なのになぜ、自分は相手が変わりさえすればと思うのですか。相手の欠点ばかりに目をやるのではなく、「今」愛せるところを見ることで、彼の（彼女の）最善の姿をあなたが引き出すのです。そうなってほしい姿ではなく、今のその人を祝福すれば、あなたとパートナーは自由になります。いつ起こるとも知れない相手のモデルチェンジを待つことなく、今立っているこの場所で、二人は真の愛を見つけられます。

【偽りの信念４】人間関係は、旅路ではなく、目的地である。

パートナーを見つけたり、結婚したりすることは、とても長い大冒険のほんの一つのプロセスにすぎません。結婚指輪の円は、この人間関係には終わりがないことを象徴しています。結婚での始まりや、離婚での終わりが、「決着」ではないのです。真の人間関係とは**その状態**であり、出来事や事実ではありません。にもかかわらず、多くの人は人間関係の本質ではなく、形においてゴールにしようとします。

誓いを立てた祭壇は、二人のつながりにとって、その瞬間だけではなく、それからもずっと二人と共に在る場所です。真の祭壇は、あなたたちの関係性そのものであり、たった一回のセレモニーやFacebookで既婚の情報にチェックするよりも、はるかに長く、深く続いていくものなのです。結婚式を、人間関係における勝利やただの祝賀会だとするなら、それはかなり目先しか見ていないことになります。真の親愛とは、最愛の人ともち続け、深まり続ける絆であり、共に時間を費やして互いの魂を磨き、輝かせることです。真の愛は、どんな瞬間も特定の出来事も超越したところに在ります。時間に制限されず、永遠に在り、カメラではなくハートでしか捕らえられない体験なのです。

【偽りの信念5】恋愛における、別れや離婚は「失敗」である。

人はよく「なぜ結婚に失敗したの？」と聞きますが、これはひっかかりを覚える質問です。なぜなら、終焉をそのまま失敗と見なしているからです。何かが終わったからといって、それが失敗というわけではありません。**どのように**終わらせたかのほうが、終わらせた事実よりも大切です。愛や優しさ、尊敬の念をもちつつ別れることもできます。それができれば、そこまでの道のりが、どんなに長く、曲がりくねった、波乱に満ちたものであっても、あなたはその関係性からの学びを習得したと言えます。怒りや罪悪感、恨みと共に別れたのであれば、互いに違う道を選ぶことより、はるかに大きな失敗です。しかし、つらい別れも失敗ではありません。その関係性は、実は終わったわけではないからです。その二人がまだ、感情的なエネルギーでつながっているのなら、お互いがどんな道を選択したかにかかわらず、互いに心の中の平和な場所にたどり着けるまで、関係性はまだ続きます。カップルの中には、もう一度つながるための一つのやり方として、「別れ」を使う人たちも居ます。奇妙に聞こえるかもしれませんが、離婚をしてからのほうが、結婚していた時よりもずっと近しくなるのです。関係性を定義するのは、肉体を通して何をしているかではなく、魂を通してなのです。ひとつ屋根の下に居ようが、地球の裏側に住んでいようが、自分の魂とパートナーに正直であれば、その関係性は成功です。魂の世界に距離はないのですから。心が集まれば、分離は溶けます。このようにして、別れがむしろ突破口になる場合もあるのです。

多種多様なソウルメイト

恋愛の相手は、たくさん居るソウルメイトの一人にすぎません。あなたの魂が呼び寄せる人は誰もが、あなたにとってのソウルメイトです。たとえば、ありのままのあなたを受け容れる家族や、苦しい時期にそばに居続けてくれる友人、自責の念をもち続けるあなたをいつもゆるしてくれる人々、あなたを最高の人生へと突き動かすメンター、共に成功を創造する仕事のパートナーなど。自分は肉体よりも偉大な、神聖なるスピリットであると思い出させてくれる関係性にある人たちは、あなたのソウルメイトです。

時々、恋愛目的のソウルメイトを探すあまり、自分の目の前に立っている他のソウルメイトに気がつかない時があります。あまりにも必死で特定の「この人」を探すあまり、自分の人生をすでに祝福してくれている、たくさんの「この人たち」を見逃しているのです。両親や友人、仕事仲間、先生やカウンセラーなどが、あなたにすでに与えているギフトを見逃しているかもしれません。不満をもっている今のパートナーが、実は変装したあなたのソウルメイトなのかもしれません。「誰か他にいい人がいるに違いない」との誘惑は、誰にとってもよくあることです。ある場合においては、これは真実であるかもしれません。しかし、ほとんどの場合において、あなたが探している愛はすでにここに在ります。あなたは最初から、愛という海の中を、ずっと永遠に泳いでいるのです。詩人のカビールは、「水の中の魚が、喉が渇くと言うのを聞くと、私は笑う」と言いました。人は愛の導き手であるかもしれませんが、あなたの人生の愛は、人ではありません。愛を受け容れ、愛を差し出した時に体験する幸福こそが、あなたの人生の愛なのです。

他を見ることに忙しいあまり、すでに与えられた祝福を見過ごすのは、残念なことです。恋愛が作り出す幻想の世界で、自分を見失うのは簡単です。そのうち、ソウルメイト探しは依存症になってしまうでしょう。先住民の文化の中には、恋愛は病気だと考えて、医者が悪病として治療するものもあります。西洋の文化では、愛に「目覚める」のではなく、恋に「落ちる」のだと賛美します。しかし、真の愛には恋愛よりもはるかに多くのものがあります。恋愛の相手を探している間も、真の愛のエネルギーは、「この人ではない」と見限られた人々を通じてさえも、あなたへと手を伸ばしているかもしれません。「この人ではない」人は誰も居ません。映画のストーリーに登場人物の全員が必要であるように、あなたの人生の登場人物全員が、あなたの目覚めに貢献しています。もっと欲しいと求める前に、今もっているものに感謝しましょう。

試練を与えてくる人もまた、あなたのソウルメイトです。人間としてのあなたは、背が高く、日に焼けた、かっこいい誰かに会いたいと祈っているかもしれませんが、あなたの魂は、スピリチュアルな強さをもてるようにと、あなたをサポートする人との出会いを祈っています。時に、配偶者や家族にはイライラさせられるかもしれませんが、その一方で彼らは、あなたの癒しのプロセスを助けているのです。密接な関係は、ダイヤモンドのとんがりを紙やすりで磨くようにして、私たちを美しく仕上げてくれます。敵対する気持ちを克服すれば、生涯使えるスピリチュアルな筋肉がきっと手に入るでしょう。

つまるところ、全員があなたのソウルメイトです。それぞれの人間関係は皆、双方にとって、お互いの魂とつながることを目的としています。そのつながりができあがるまで、浅い会話にいらだち、空虚さに直面するのです。日々、何十億という人たちが、真の人生ではなく、見せかけの人生を歩いています。ですが、それでもほんの少数は、深く生きようとしています。これを読んでいるあなたは、偽物ではなく、真の黄金に価値を置く人たちの一人です。実際の黄金は、地下に深く掘り進むほど、量は希少になっていきます。しかし、スピリチュアルな黄金の場合には、内なる黄金を見つけるほどに、見つかる量が増えていくのです。人生で出会うもの全てに、魂を求めて掘り続けるなら、あなたが体験する愛が尽きることはないでしょう。

神秘的な結婚

外の世界でソウルメイトを探すことは、あなたの内側において、自分が完全であるために足りない部分を探していることを映し出しています。私たちは、男性性と女性性、理性と感情、客観と直観、能動性と受動性、一貫性と柔軟性、人間性と神性などを統合することを学ばなくてはなりません。十字架の下から、聖ヨハネはキリストに呼びかけました。「神をあなたの最愛とし、お連れください」と。詩人のルーミーは、人ではなく、いろいろな形を通して戯れる神を「最愛」とし、その神と出会った恍惚の瞬間を祝福しました。要するに、最愛の人を求める願いは、神と自分との関係性を完結させたいという願いを象徴しているのです。「一つになりたい」という強い思いは、「自分にぴったりな」相手探しなどよりも、ずっと差し迫った本能なのです。私たちはこの世界で、本当に自分にぴったりな相手を探しています。出会いサイトのプロフィール検索は、私たちが真の自分を見つけるまで、自身の内側の様々な部分を探していることを象徴しています。

私はかつて、自分のソウルメイトと出会う夢をよく見ていました。絶対的な幸せと強い喜びの瞬間の夢です。奇妙なことに、これらの夢で、恋人たちは様々な形で登場しました。ある夜に恋人と出会う夢を見ると、次の日には同じエネルギーを感じる別の人が恋人なります。夢の中の恋人は、当時の現実の恋人であったこともあれば、別の人の時もありました。様々な形をとりながらも、皆同じ本質をもっていたので、私が探しているのは人ではなく、エネルギーだったのだと気がついたのです。映画「エブリデイ」では、自分の恋の相手となる一つの魂と、毎日異なる肉体を通して出会い続ける十六歳の少女が描かれています。ある日の彼女のソウルメイトは白人の男の子、次の日は黒人の男の子、また次の日は女性。次の日は自分と同じ年の子。翌日はもっと年上、というように、違う肉体に包まれた同じ存在なのです。彼女は肉体ではなく、魂に恋をします。映画で描かれていることは、フィクションよりも真実に近いですね。私たちはスピリットを伝える肉体とではなく、スピリットそのものと恋するのです。

外側の世界において、理想のパートナーが人の形をして現れたとしても、結局は、私たちの中にはスピリットが居ます。スピリットが私たちなのです。宇宙は、あなたの外側の誰かや何かに、あなたの幸せを決めさせることは決してありません。あなたがあなた自身の最愛の人となれば、自分を充分にしてくれる、自分以外の人を探すことから解放されるでしょう。充分か、そうでないかだけです。充分さに程度はありません。程度があるのは、分離においてのみです。マインドがあなたの神聖なる自己から、いったん離れてしまったら、あなたの見る世界で、分離が全てに広がっていきます。それからは、外側の世界をどう操作してみても、分離が癒されることはありません。自分自身とのつながりを回復した時にのみ、外側の世界ともつながります。その完全な世界が内側に立ち上がれば、誰とも分離を感じることは決してないでしょう。全ての癒しは内側から生じるのです。あなた自身との愛に目覚めれば、扉は開かれ、あなたが自分を愛するように、あなたを愛してくれる人とつながることができます。

その日までは（あなたが思うよりも早くやってくるかもしれません）、空虚で、争いの多い、今にも壊れそうな人間関係の痛みが、数多くの幻想の檻の中に隠されています。今、そんな幻想を光のもとに呼び出して、意味のないものであると理解して手放せば、隠されていた輝く真実がきっと露わになるでしょう。

驚くべき高次の目的

ユダヤ人神学者のマルティン・ブーバーは、「全ての旅路には、旅人も知らない隠された目的地がある」と言いました。ソウルメイトを探す旅もまた、隠れたギフトがある大いなる変容の旅路です。パートナーを探すことを、見た目のいい人を釣り上げたり、経済的な安定を得たりすることだと思っている人も居るでしょう。両親や宗教、社会からの承認を得て、孤独感を消し、人が驚くような結婚式を誇示し、隣人が羨むような人たちとパーティーをする、豪華な家に住み、サッカーのトロフィーをもち帰ってくるような、自慢の子どもたちをつくるためだと思っている人も居るかもしれません。

これらの目的は全て、人間社会においてはそれなりの価値があるものかもしれませんが、魂は、はるかに豊かな意図を人間関係にもっています。物質的なものや社会的な名誉は、ねずみを檻に誘い込むためのチーズのようなもので、そこを教室として私たちは魂を成長させるのです。恋愛関係の真の目的は、一見ロマンティックな幻想の覆いを剝がして、二人の黄金の本質を見せることにあります。『奇跡のコース』は、人間関係の真の目的を発見すれば、私たちは愕然とするだろうと言います。誰かと「一緒になる」のは、あなたが思い込んでいるような理由からでは決してありません。真に愛を学ぶことが、共に居る唯一の理由です。神が見ているようにお互いを見ることができれば、たった一つしかない貴重なゴールのテープを切れるのです。

あなたの魂は、幻想が映し出す愛では決して満足できません。エゴは幻想の中で増殖しますが、魂は実在するものによってのみ拡大します。ほとんどの人は、愛を求めてそこら中を駆け回りますが、愛はすでにそこに在るのです。答えはいつもどこか別の場所に、次の人や次に手に入れる物の中にあるように見えます。ですが魂は、あなたのハートの聖域に静かに置かれ、あなたが還るべき家を見つけるまで、忍耐強く導き続けます。見せかけの愛に気を逸らされていた間にも、魂は真の愛をもち続けています。

あなたはきっと真の愛を見つけられます。そして、それはきっと、あなた自身です。

天が決めた組み合わせ

通常、私たちは「天が決めた組み合わせ」は、神の計画によって惹かれ合った二人の人間のことだと考えます。しかし、この組み合わせの原理は、相性がぴったりの二人に限らず、人以外のものにも当てはめることができます。友人や仕事、家、車、教師、あるいは業者や物にも、天が決めた組み合わせはあるのです。

完璧な組み合わせは、引き寄せの法則やバランスの法則によって形成されます。引き寄せの法則は、同じような波動や意図をもつ人や物をつなげます。バランスの法則は、コインに表があるのなら裏もある、というようなものです。たとえば、売りに出されている家にもそれぞれ、ぴったりの持ち主となる人が居ます。仕事の募集においても、そのポジションにぴったり収まる相応しい資格をもつ人が居ます。書籍や歌、映画にも、それぞれからギフトを得て、楽しめる人たちが居ます。これらは偶然ではありません。なぜなら、目に見えない力が、お互いを助け合えるようにと連れてくるからです。

かつて、高いスポーツカーを衝動買いしたことがありました。しばらく所有していましたが、実はそんなに好きではなかったと気づきました。あまり使わないのに、毎月のローンの支払いは高かったので、売買のコミュニティサイトに広告を載せてみました。気に入ったという人が現れたのですが、彼の提示額が低かったので取引は完了せず、私たちは誠意をもって話を終え、私はそのまま車をもち続けました。しばらくの間、名乗りをあげる人もなく、どうしたものかと思っていました。

そんなある日、小さな町の小さなレストランで、ラム・ダスと夕食をしていた時、先日の彼が家族と共にやってきました。再会の挨拶をしたところ、もうあの車は売れたのかと彼が聞いてきました。まだだと答えると、彼が提示額を上げてきたので、少しだけ交渉して契約に至ったのです。私は車を所有すべき人は彼だと思い、売ることにしました。

翌週、庭の手入れをしている女性から、あの車はどうしたのかと聞かれました。ガレージから消えていたからです。売却したことと、その相手の名を伝えたところ、彼女は言いました。「ああ、私、あなたの庭の手入れの後は、毎週彼の家の庭に行っているのよ」と。なんと！　この言葉で、「完璧な組み合わせ」の確認が完了しました！

またこんな話もあります。ディーと二人で家を探していた時、気に入った物件を見つけました。問い合わせた不動産業者から、すでに手続きが進んでいる買い手が居るとの回答が来ました。それを聞いてがっかりしましたが、同時に私たちのもとに来るべき家ならば、きっとやってくるはずだと思い、もし違っても、きっと他により良い家があるのだと信頼することにしました。一週間後、業者からの電話で、売買はうまくいかず、家がまた売りに出ていると伝えられました。オファーを出したところ、受け入れられ、私たちは無事にその素敵な家に引っ越し、そこで何年も良い時間を過ごしました。きっとその家の表札には、エネルギーによって私たちの名前が刻まれていたのだと思います。

自分に相応しい相手、自分にぴったりの家や仕事、従業員、買い手、医師、弁護士、建築家など、もう見つからないかもしれないと不安になることもあるでしょう。ですが、その必要はありません。自信をもちましょう。あなたに必要なぴったりなものが、必ずあります。宇宙は驚くほど賢いのです。奇跡とさえ思える手段を通して、あなたを完璧な人や物に結びつけ、双方を助けてくれます。

アファメーションを唱えてみましょう。

私は、自分に必要なものと自分が与えるものにとって、
完璧に相応しい組み合わせがあると信頼し、理解します
この瞬間にも、その人や物が私に向かってやってきています
スピリットにおいて、もう取引は完了しています
そして、恩寵の計らいによる完璧なタイミングで
私たちは実際に出会います
またこれに関与する人全てが、安らぎと共に満足できるように、
私は与えるものを売り、探しているものを見つけます

唱えたら、リラックスして、信頼するのです。宇宙の組み合わせを司る歯車が動き、神聖な計らいによって、完璧なタイミングで取引は実りを迎えます。恐れをもって頑張ることなく、その取引のためにできることを、もっとやりましょう。そして、大いなるスピリットの手に、完遂を委ねるのです。目に見えない力が、相応しい人たちを相応しい目的のために集めてきます。

私のものは、私の顔を知っている

自分がもっているものに対しては、「所有している」と、当然意識しています。ということは、自分が必要なものや欲するものを、ありありと思考し、感じ、意図していれば、それらはもうあなたのものです。それはあなたのところにやってきて、あなたと共に居続けるでしょう。人間は所有物を証明するために、多種多様な規則や証明書を作り出しました。しかし、たとえ「これはあなたに属しています」と社会的に示していても、そうでないものもあります。たとえば、単に結婚証明書や結婚指輪をもっているからといって、必ずしも精神的にそうだとは限りません。証明書や指輪をもっていても、共に在るとは言えない人が多く居ます。なぜなら、エネルギーが合っているかが問題だからです。また、教会や役所で結婚していない二人であっても、深い愛と信頼が、強いスピリチュアルな接着剤となって、絆を固く結んでいる場合もあります。昔ながらの結婚式では、「神が合わせられたものは、誰であってもひき離しては**いけない**」と言いますが、正確には、「神が合わせられたものは、誰であってもひき離すことは**できない**」ですね。

結婚すべき人の条件については、多くの古めかしい、歪んだ思い込みがあります。異人種間の結婚に眉をひそめていたのも、そんなに昔のことではありません。今でも多くの親が、子どもを同じ宗派の人と結婚させようとします。数百年前までは、全ての結婚は社会的地位や政治的目的のみで行われていました。国や文化によっては、今でもそれが残っています。宇宙が描く大きな絵において、魂は政治に影響されません。魂は、自身が突き動かされるような、生命力に満ちた意図に従います。宗教や人種、国民性、文化、民族的なものや年齢の違いなどは、魂には関係ないのです。魂が放つレーダーは、愛と優しさ、思いやり、つながり、尊敬と活力のみに反応します。その他のものは全て、本質ではありません。

それが本当に属するものなら、自然に、容易く、そして純粋に、あなたのもとへとやってくるでしょう。なので、自分の思うようなやり方やタイミングで、欲するものを必死で呼び込む必要はないのです。人生の流れに準じていれば、必要な時に、全ては恩寵によって現れるでしょう。アメリカの自然主義者であるジョン・バロウズは、感動的な詩を書いて、この素晴らしい力を表現しました。

待つ

ただ安らかに、手と手を重ねて待つ
風も、潮の流れも、海も気にせず
時間にも宿命にも抗うことなく

なぜなら、ほら！
私のものは、私にやってくる

忙しさに在れば、遅れが生まれる
必死さが何を生むというのか
永遠なる道の中庸に立てばいい
私のものは、私の顔を知っているのだから

眠りの時、目覚める時、昼も夜も
私が探す友人たちは、私を探している
どんな風も私の叫びはかき消せない
何も私の運命の流れは変えられない

たった一人で立つ
それが何だと言うのだろう
喜びと共に
やってくる月日を待っているのだ

私のハートは
自ら種をまいた場所を刈り取り
涙から実ったものを手に入れる

水は自らを知り、小川へ流れ
ほら、あの高さまで湧き出で
それからは純粋な喜びの魂に沿って
善なる流れとなる

星は夜と共に空に現れ
高波は海にやってくる
時間も、空間も、深さも、高さも
何も私から私自身を遠ざけられない

得る苦しみ、もち続ける苦しみ

「苦しい」という感覚は、神聖な流れから踏み出てしまったというサインです。形而上学者のフローレンス・スコーヴェル・シンは「得る苦しみ、もち続ける苦しみ」という実践的な教えを説きました。何かを得るために戦うのであれば、それはたぶんあなたに属するものではないでしょう。何かを得るための戦いは、魂が満ちた状態からは離れてしまっていることを意味します。魂こそが、自分にとって善いものへと続く一番の道なのです。たとえば、相手を必死につなぎとめようとするのは、結婚の本来の意味とは正反対です。真の結婚とは、お互いを理解し、選択によって共に居るものです。第三者との関係を疑って、パートナーと喧嘩をしてまで、彼や彼女を捕まえておこうとするのは賢明ではありません。そうすれば、その第三者はなおさら留まり続けるでしょう。だからといって、二人の間に強引に割り込んでくるなら、そうさせなさいというわけではありません。ただ、パートナーとの関係性というものは、周りに要塞を築いて、近づく者を皆、撃って守らなければならないようなものではないのです。そんな考え方に滑り落ちてしまったら、たちまち本来の目的地から逸れてしまいます。恐れがベースにあるごまかしは、愛とは無関係です。

それでも時々、あなたも「自分に属しているもの」を主張しなくてはならない時があるかもしれません。たとえば、パートナーが明らかに道を踏み外しそうな時や、子どもの親権をめぐる争い、不動産の財産分与を主張する時などです。しかし、そんな場合にも、恐れや怒り、所有欲、ごまかし、攻撃は、あなたの意に反した方向性を生みます。健全な関係性や親権、不動産の法的財産分与の権利を穏やかに理解し、その権利を自分のマインドに意識させれば、怒りの中に居る時よりも、はるかに強い自分の力を感じるはずです。

ビジネスにおいては、自分と合う人たちと共に働きましょう。誰かのもっている何かが必要だからといって、ストレスを生むような、不誠実な人間関係に甘んじてはいけません。

コーチングのクライアントの一人が、ある会社からの仕事の依頼を受けるかどうか迷っていました。「ただ、あの会社の人たちを好きになれないのです」と彼は私に言いました。「彼らと一緒に居ると、不快な気持ちになります」と。私は彼に、それはその依頼を断る充分な理由ではないかと言いました。そして、「不快な気持ちになることなく一緒に働けて、あなたの仕事を支えてくれるような人たちは、他にたくさん居ます」と断言しました。

宗教やスピリチュアルな学びの過程においても、自分に苦痛や犠牲を課すような経験をしたことはないでしょうか。私たちは「苦しむことで正しいことができる」と、ずっと教え込まれてきました。しかし、真実は真逆です。もし、あなたが苦しんでいるなら、正しいことをしていないのです。結婚や仕事上の取引、スピリチュアルな成長の道のりにおいて、尽力や貢献、鍛錬や忍耐は必要ないと言っているのではありません。他者やグループに対して、怒りや戦いの気持ちをもたなくても、全てに前向きに従事し、気高く探求していけると言いたいのです。

自分が信じていることを表現するほうが、相手を敵と見なして戦うよりも、ずっとパワフルです。争いの意識に陥ると、自分自身をかえって弱めることになります（「神が私と共に在るとすれば、私に反対するものが何か在り得るだろうか」〈『ローマ信徒への手紙』8章31〉）。引き寄せの法則やバランスの法則、正しい意識の法則（それぞれの意識に従って、相応しいものが振り分けられる）を信頼すれば、おのずとそうなります。

拒絶を通して守護される

正しいパートナーや正しい物、住むべき家につながりたい、仕事を成功させたいと思い、誠実に力を注いだにもかかわらず、うまくいかないこともありますが、結果にこだわらないようにしましょう。あなたを求めないものを、求める必要はありません。「人間の拒絶は、神からの守護である」と言われています。手に入らなかった理由があるのです。そしてそれは、「もっと良いものが待っているから」なのです。明らかに失敗したように見えても、背後には叡智や恩寵を見つけることができます。

私にも、今までの人間関係や不動産の購入、仕事の取引で、奇妙な理由でうまくいかなかった例がたくさんあります。約束されていたはずの結果が、最後の瞬間に台無しになったこともありました。しかし、これらは決して偶然ではありません。高次の手が結果を導いているのです。私がここから学んだことは、疑問をもたず、議論せず、その結果に決して挑まないことの大切さです。そして、「それが私にとって正しいのなら、きっと実現しただろう。そうでなければ、もっと他に良いものがあるのだろう」と信頼することです。より良い何かが、常にその代わりにやってきます。『奇跡のコース』は「信頼が今、全ての問題を解決するだろう」と伝えています。

地獄の苦しみを伴う組み合わせ

今、人間関係や仕事など、人生の状況で苦しい思いをしているなら、あなたの前にはパワフルな魂の学びが置かれています。あなたのそもそもの動機が、本当は別にあったことを見せられているのかもしれません。あるいは、この人や仕事がなければ、道やお金を失ってしまうという恐れにあなたを向き合わせることで、他にも多くのやり方を提供してサポートする、宇宙の真の豊かさを知るように促されているのかもしれません。もし今の状況から立ち去ることに、後ろめたさを感じているなら、それを上回る自信と共に、立ち去る必要があるでしょう。あるいは、その状況を苦しいものにしている否定的な思い込みを癒し、他人や自分をゆるし、克服した上で、そこに堂々と留まるチャンスなのかもしれません。

自分を小さく丸めて、誰かの、あるいは何かの状況の犠牲者というポジションに押し込めないでください。スピリチュアルな成長のチャンスが、その体験には山ほどあるのです。留まっても立ち去っても、「自己をより知っていく」という隠れたギフトがあります。留まるか去るかという事実より、なぜ、そして、どのように留まるか去るかが重要です。パートナーと別れるかどうかでひどく悩んでいたクライアントに、決断そのものよりも、決断に至るまでの道のりのほうが、学びのプロセスなのだと説明したことがあります。なぜなら、彼は恐れと共に留まることも去ることもできれば、愛と共にそうすることもできるからです。物事の「なぜ」は、物事の「何」よりもっと重要です。

起こること全てにおいては、スピリチュアル的な「なぜ」があります。あなたへとやってくるものも、やってこないものも、高次の手に委ねられます。神は、あなたに合う善の全てを手にしてほしいと思っています。ですから、その善をあなたへ送り続けるでしょう。自分に合わないものとの格闘に時間を費やせば、宇宙からあなたへの善のお届けは、その間はより困難になります。

自分に合うものに急ごうとすれば、今度は目の前にすでに置かれているギフトを見逃し、これもおそらくは、自分に合う善の到着を遅らせることになるでしょう。一方で、自分に合うものを退けても、それを介して与えられるべきギフトは、あなたが受け取るまでそこに居続けます。あなたにとって、結局は全てがうまくいくように、宇宙は岩のように揺るぎなく、矛盾なく、しっかりとした線で編まれた法則の上に成り立っているのです。あなたの役割は、それらの法則に感謝し、尊重し、助けてもらうことです。全ての正しい組み合わせは、天で決められます。ただリラックスし、流れに任せ、ハートが求め、受け取りたいものを与えられるように、人生に自分を愛させてください。宇宙の出会い作りのサービスは、常にあなたのために動き続けています。

あなたの本当の仲間を見つける

映画「ロイヤル・セブンティーン」では、十代のとても自由なアメリカ人の少女が、堅苦しいイギリス人の父親と一緒に暮らすことになります。彼女はイギリス的なやり方に馴染もうと努力しますが、ストレスがたまるばかりで、落ち込んでしまいます。それを見ていた男友だちが彼女に、ついにこう聞くのです。「輝くために生まれてきたのに、どうして君は小さくまとまろうとしているの?」と。

私たちも、自分に同じ質問をするといいかもしれません。周囲と同じでなくてはと思っていないか。自分は変わっていると感じていないか。自分はどこか間違っていると思っていないか。家族から「もっと普通になれ」とうるさく言われていないか。自分のヴィジョンや価値観、体験が他人に知られたら、批判されると思っていないか。誤解されたり拒絶されたりするのを恐れて、クローゼットに隠すようにして、真の自分を表現することをためらってはいないか。

もし答えがイエスなら、良いことを教えてあげましょう。あなたにはどこもおかしいところはありません。それどころか、自分の運命の道に完璧に立っています。あなたは単にまだ自分の「本当の仲間」に会っていないだけです。でも、そのうち会えるでしょう。もしかしたら、もう会っているかもしれません。宇宙は、同じ魂でつながる家族（ソウルファミリー）同士を、巧みに会わせる方法を知っています。

あなたの本当の仲間は、人生のパートナーや家族、少人数の友人グループ、似た感覚の同僚の中に居るかもしれません。同じ価値観をもつ親友、あるいはスピリチュアルな成長のために、共に学ぶ仲間かもしれません。あなたは一人で人生を歩いているわけではなく、孤独になるためや疎外されるために生まれてきたのではないのです。あなたと同じように考え、行動し、喜んで自分たちの仲間として迎え入れてくれる人は、たくさん居ます。

普通（ノーマル）であることが、世の中では過大評価されていますが、ありのままであることのほうが、はるかに意味のあることです。偽りや断絶が当たり前になっているこの世の中で、なぜ普通になりたいと思うのですか。大多数の人たちが、どこにも居場所がなく、どこでも生きることができていません。「うまく馴染む」という言葉は、立派な目標や誉め言葉ではありません。一体何に馴染むのでしょう?

居心地が悪ければ、居心地のいい場所は他にあります。馴染めずに幸せではない感覚こそが、あなたにぴったりな場所への本質的な第一歩となります。心地悪さを感じなかったら、決して自分の行きたい場所へ動こうとはしないものです。満足できないからこそ、それが満足へ向かう、そもそもの動機になるのです。甘んじることなく、あなたにとっての正しい場所へと向かってください。「これではない」と感じる体験をすれば、「これこそ!」を見つけようと、どんどん強く思うようになります。そして、あなたはきっと見つけられます。

あなたの真の魂の家族

中には、生涯独身を決めている人も居るでしょう。また、養子として引き取られている、里子に出された、若い頃に父親が家を出ていった、両親が離婚した、などの経験をしているかもしれません。自分の生い立ちを普通ではない、あるいは育った家庭に欠陥があるなどと自分で思い込んでいるかもしれませんが、魂のレベルでは、それはむしろ財産かもしれないのです。問題の多い状況に囲まれているようですが、あなたはそれでも運命の軌道からは外れていません。子どもたちには、自分にとっての正しい親を見つける術《すべ》がたくさんあります。血のつながりだけがそれではありません。先ほど書いた「普通であること」への評価と同じく、世間では生物学も過大に評価されています。一方で魂の旅路は、生物学による血縁にはほとんど関係なく、エネルギーに関係することが全てです。肝心なのは、肉体についてよりもスピリットについてなのです。

婚姻関係のない（out of wedlock）両親から生まれたことは、魂とは何の関係もありません。「婚姻関係（wedlock）」とは、あまり幸せそうな響きではないと思いませんか。南京錠（padlock）や、立往生（gridlock）、封鎖（lockdown）などの単語を思わせます。束縛によって、互いを無理につなぎとめようとする意味合いを感じます。ですが、一緒になろうと自ら選択した人たちに、束縛は必要ありません。私の友人が「組織の中で生きることを厭《いと》わないのなら、結婚はとても良い組織だと言える」と言いました。それならば、「婚姻関係」ではなく、「心でつながった関係」と言い換えるのはいかがでしょう。恐れをもった人たちが編み出したルールや条件に、神は目もくれません。神が目を向けるのは、魂の活動のみなのです。心のつながりがない両親のもとに生まれたとしても、自分の父親が誰かを知らなくても、あなたのハートは、親よりもはるかに偉大な存在とつながり、サポートを与えられています。多くの人たちが、親があなたに与えるはずだった愛を喜んで与えてくれるでしょう。宇宙に偶然はありません。ですからあなたも、もちろん例外ではありません。この惑星にどのようにしてやってきたかは関係なく、あなたは壮大な目的をもって、この地に居るのです。

養子縁組で育った人や、幼い頃に血のつながった父親が去っていった経験をもつ人は少なくありません。また、片親が亡くなったり、離婚したり、再婚した親の元で育ったりした経験をもつ人も居ます。そして、新しい親が子どもを大いにサポートし、二人が深くつながる場合も多々あります。そんな例においては、新しい親への移り変わりは神の御業だったと言えるでしょう。魂が一緒に居ようと決めてきた相手に落ち着いたのです。真に愛し合う人たちは、一緒になれる道を見つけ出します。

他にも両親の有無にかかわらず、子ども時代に幸せでない日々を送った人も居るでしょう。たとえば、家族の中の誰かから感情的、肉体的、性的虐待を受けた人も居るでしょう。しかし、荒っぽくスタートした人生であっても、成長につれて、真の愛や受容、尊敬の価値を学んでいきます。痛み多き幼少期の体験があってこそ、あなたは思いやりの深い、優しい人になれたのです。痛みが理解できるからこそ、他者の苦しみを和らげるお手伝いがしたいと思うのです。このプロセスそのものが、魂の家族を見つけるための道へとあなたを導き、これからも導いていくでしょう。リチャード・バックは、彼の素晴らしい著書『イリュージョン』の中で、こう宣言しています。「あなたの真の家族を結びつける絆は、血縁から来るのではなく、互いの人生における尊敬と喜びから来るものだ。しかし、同じ屋根の下で暮らす家族が、成長するのはまれである」

先にも述べましたが、ジェフ・ベゾスやスティーブ・ジョブズ、ラリー・エリソンなど、世界を変えた人たちもまた養子でした。ベーブ・ルースや、エレノア・ルーズベルト、ネルソン・マンデラ、レフ・トルストイ、ジェイミー・フォックス、ジョン・レノン、エイブラハム・リンカーンも皆そうです。自己啓発のマスターであるウエイン・ダイアー博士もまた、十歳までを児童養護施設と里親家庭で育ちました。養子であるあなたには、こんな良い仲間が居るのです。彼らは成長して、自分にぴったりの仲間を見つけ、世の中を圧倒するほどのギフト多き人生を創造しました。ダイアー博士はよくこう言っていました。「幸せな幼少期をもつのに、決して遅すぎることはない」と。

スティーブ・ジョブズやビル・ゲイツ、マーク・ザッカーバーグは、大学を卒業していません。マイケル・デルも、オプラ・ウィンフリーも、マイクロソフトの共同創業者であるポール・アレンも。ホールフーズの創業者であるジョン・マッキーやドロップボックスの共同創業者であるアラシュ・フェルドーシも。彼らは周囲から期待されていたコースを外れ、魂が導いたコースに乗ったことで大きな成功を収めました。あなたの魂もまた、あなたを導いています。世間的な期待を魂からの呼び声だと、決して取り違えないでください。自分の魂とうまく付き合えれば、あなたは充分に歩き出せます。

ここをクリック!

多くの人たちが疎外感をもち、孤独を感じているこの世の中では、人々はかつてないのほどに家族やコミュニティに居る実感に飢えています。ソーシャルメディアを通じて、ヴァーチャルな友人やフォロワーをどんどん増やしていても、真の友人はほとんど居ないという人がたくさん居ます。ランチの写真を投稿しても、親しい誰かとの交流があったわけではありません。「交際中」や「既婚」がクリックされていても、それがパートナーとの真のつながりを意味するわけではありません。「いいね」を最も多く得る人が、一番幸せで成功しているわけでもないのです。魂は、意味のないおしゃべりをし、「友だち」を数え、頑張って写真を投稿し続けることには、疲れてしまうでしょう。なぜなら、魂はハートが触れ合う時のみ、育まれるものだからです。

鮭が川へと上り、家を目指すように、あなたの魂も本当に「クリック(ピンとくる)」を感じる相手を見つけるまで、探し続け、進み続けます。「クリック」を感じないグループに自分を押し込めるのは、ジグソーパズルのピースを、形の合わない場所に、無理にはめ込もうとするようなものです。あなたの端っこは擦り切れて、イライラし始めます。しかし、少し後ろに退いて、全体の絵を見てみた時に、正しくなかったと気づくのです。合わないものの無理強いをやめた時に、はめるべきところが簡単にわかり、ぴったりと大きな絵ができあがります。自分がすでに正しい仲間と共に居ると思ったら、自分の魂に合う魂をもつ存在の大切さを理解しましょう。まだその道の途中であっても、元気を出しましょう。あなたを待っている仲間がどこかに必ず居ます。がっかりして、諦める必要はありません。もし宇宙があなたの相手探しを助けられないのであれば、宇宙はそもそもあなたに魂のつながりへの願望をもたせるはずがありません。聖書では「神が胎を開かせてなお、産ませずにおくことがあろうか」と問いかけています。神は、いじめもなじりもしません。神が、あなたのハートに「熱望」を授けて創造したのなら、その同じ神が、あなたがそれを叶えるために導きや手段を与えるでしょう。

テレビ番組『スター・トレック』の「バルカン星人の秘密」というエピソードでは、スポックが何かに憑かれたようになり、故郷のバルカン星に帰って、その星の昔からのしきたりである婚礼の儀式に参加することになります。そのあまりの衝動は、彼の特徴的な、あの強い論理性さえも乗っ取るのです。

しかし、その話は私たち自身の旅路にも当てはまります。なぜなら、霊的なつながりを感じる人に出会った時、あなたの魂も、あなたの人生を乗っ取り、その意図を果たし始めるでしょう。

理由もわからぬまま、その人たちと共に居なさいと、直観もあなたを促し続けるでしょう。そのような人たちとつながることは、長年の付き合いのある、家族や世間の期待に沿おうとするより、あるいは論理に従うよりも、もっと重要なことです。生物学上の交配とは、力強い衝動である反面、より深く共振するコミュニティに属したいという、魂からの思いでもあります。導きを信頼しましょう。導きは、あなたを本当の仲間へと連れていってくれます。

あなたが思っているよりも大きな島

スピリチュアリティに興味をもち始めたばかりの男性を、コーチングした時のことです。彼は自分と似たマインドをもつ人たちとのつながりを、心底求めていましたが、こう漏らしました。「僕が住んでいるところは島なので、周囲にスピリチュアルなライフスタイルに興味をもつ人など全く居ないのです」と。

「何という島に住んでいるの?」と私は彼に尋ねました。

「ロサンゼルス」と彼は答え、「比喩的表現で『島』と言ったんです」と言いました。

それを聞いて、私は笑いながら、こう答えました。「たぶん、この国の他のどの場所よりも、ロサンゼルスには、スピリチュアルなことに興味をもっている人が多く居ると思いますよ」そして、「まだその人たちに会っていないだけだと思いますよ」とつけ加えました。

彼は自分に本当に合う仲間に囲まれているにもかかわらず、誰もいないと思い込んでいたので、彼らに会っていませんでした。あなたが期待しなければ、それを見つけるための視野を広げ、受け入れるまでは目に入らないものなのです。彼の「島に住んでいる」という比喩は、ぴったりですね。私たちは皆、「自分の信念」という島に住んでいます。つまり、自分の信念に合うものは全て認知しますが、そうでないものは認知しないのです。多くの場合、他の島に引っ越す必要はありません。むしろ、私たちが今すでに住んでいる「島」を見る目を広げる必要があります。多種多様なリアリティが、互いに行き交っているのです。あなたが探しているものは、あなたが思っているよりも、もっと近くに在るのかもしれません。

自分のシグナルを明確にする

自分に本当に合う仲間を見つけるためには、真の自分を明確にし、そのシグナルを大きく打ち出しましょう。「これが私です」と自信をもって言えれば、引き寄せの法則が、自分と同じようなマインドや魂をもつ人たちと結びつけてくれるでしょう。自分を隠していては、あなたと合う人たちが、あなたを探し出すのが困難になります。真の自分を恥じるのはもうやめて、むしろ祝福し、表現しましょう。

同性愛者だったり、一般的ではない生活様式に惹かれていたり、ちょっと変わった仕事に心が奪われたりしているかもしれません。あるいは、人間に関するニュースはどうでもよく、十二匹の猫が親友かもしれません。億万長者になろうと必死だったり、反対に必要最小限で暮らすことに惹かれていたり、派手な服が好みだったり、とても強く人生のパートナーを望んでいたり、一人旅が好きかもしれません。何にしても、あなたの喜びの在り処に正直になりましょう。信じるものを全面に出して生きるなら、信じるものがあなたの人生を裏打ちしてくれます。そうなれば、最小限の力や努力で、自分と合う人たちへと自分を押し出せるのです。

あなたが目指している目標は、恵まれない子どもたちを教えることかもしれません。あるいはコメディアンになること、トスカーナ地方へ引っ越すことかもしれません。目標が何であれ、あなたはその目標以上に深い、学びの領域に入っていきます。物理的な一歩に伴ってやってくるスピリチュアルな学びこそが、三次元における行動の事実よりもむしろ重要です。たとえば、その学びは、導きを信頼することかもしれません。あるいは、自分自身を恥じることなく表現することや伝統を破ること、健全な境界線を引くことかもしれません。「自分本来の姿や誠実さとは何か」というテーマが形を変えて、学びとしてやってくるでしょう。あなたは生来、スピリチュアルな存在ですから、あなたが決める物理的な要素や選択は全て、あなたの霊的な成長や魂のギフトのためのものなのです。

あなたがとても大切に思っている物質的な旅路とスピリチュアルな旅路のバランスが、ちょうどうまく合う場所があります。その場所にたどり着けば、全てに納得がいくはずです。

帰還という安堵感

自分に本当に合う仲間に出会えれば、ストレスの多い長い異国での旅の後、やっと家に帰り着いたような、大きな安堵感を味わいます。自分自身であることを否定し続けるのは、重たく疲れるものです。「神が創造した私は、私ではない」と異議を唱えようとしているからです。禅のマスターは「それを手放すまでは、自分が担ぎ続けていたものが、どれくらい重かったかはわからないものだ」と言いました。自然界の万物は、ありのままに存在することによってのみ、受け継がれていきます。既知の宇宙における創造物の中で、人類だけが唯一、自分自身の本質に抵抗しています。抗うのをやめて、真の自分に調和する時、それは最も記念すべき人生の転換の瞬間の一つとなるでしょう。

ありのままのあなたを愛し、受け入れ、感謝し、サポートする人たちは、そこかしこに居ます。真の友人は、あなたに変わることを求めません。誰も一人で人生を歩くことにはなっておらず、その必要もありません。成功とは、あなたに同意する人たちの数ではなく、質で測られるものです。選択した道のりで出会った数人の良い友人たちのほうが、共に居ても親しみを感じられない大勢の人たちよりも大切です。同類の魂は、お互いにわかります。あなたが自分の本当の仲間の誰かとつながれば、お互いすぐにわかるでしょう。自分自身を証明しなければいけない、あるいは、自分を知らない人たちが作り上げた型に、無理に自分を押し込めなくてはいけないと思っていたあなたは、家に帰還することで、その恐ろしい重荷を降ろし、やっとほっとすることができるのです。そして今度は、目の前に広がった自分のためだけの道のりに、言葉にならないほどの安堵と胸の高まりを感じるはずです。その時、あなたは気がつくでしょう。今までの旅路の一歩一歩は全て、自分自身とまた出会うためのものだったのだと。

始まりは過ちでも正しい結果に

自分や誰かの人生をめちゃめちゃにしてしまうほどの、大きな過ちを犯してしまったことはありますか。人間関係や仕事上で、間違った一歩を踏み出してしまい、もう一度やり直すことができれば、と思ったことはありますか。何か大きなチャンスを逃して、自分は本当にばかだったと、うしろめたさを感じたことはないでしょうか。時間を遡り、何か一つ決断を変えることができるとしたら、それはどんな決断ですか。

自責の念や自己批判が重たくのしかかる、あるいは今、願っていたものとは違う人生のコースに乗っていると感じていても、どうか元気を出してください。痛恨のミスだと思えることが、結局は大きな勝利に結びつくこともあります。まだ結末を見ないうちは、失敗だったと断定することはできないのです。何かをジャッジする時は、常に目は近くしか見ていません。反して魂は、しくじりや裏切り、致命的に見える大失敗も含めて、その全ての出来事は、より良いものへと向かうためのものだと信頼しています。

レフ・トルストイは、ギャンブルで大きな負債を抱え、それをきっかけに、お金を稼ぐためにペンを取りました。そして書き上げたのが、世代を超えて偉大と称される文学作品の一つとなった、あの『戦争と平和』です。

それから百二十年後、その当時のハンプトンロード出版の社長、ボブ・フリードマンは、ホームレスで、神と話をし始めたという者からの原稿を受け取りました。ボブは、出版には値しないと決め、ゴミ箱にその原稿を投げ入れました。同じ事務所で働いていた彼の娘がそれを拾い上げて読み、父親のボブに出版すべきだと言いました。最終的にはボブも同意し、できあがったのが、世界的なベストセラーとなった、ニール・ドナルド・ウォルシュ著『神との対話』シリーズです。

ウォルシュの書が世に出る四十年前、ある牧師が、思考が人生に与える影響についての本を書きました。いくつかの出版社に原稿を送りましたが、却下されました。彼はイライラし、その原稿をとうとうゴミ箱に投げ入れました。その本の良さを心から信頼していた彼の妻が、その原稿を拾い上げ、夫に最後にもう一社にだけ送ってみるようにと励ましました。そして、彼が妻の言葉に従ったところ、今度は出版が決まったのです。その作家の名は、ノーマン・ヴィンセント・ピール。本のタイトルは、『積極的考え方の力』です。この本は、出版史上、最も有名な自己啓発の古典作品の一つとなりました。

マーク・トウェインは、公的な活動を最小限にして、家族と家でゆっくり過ごすことを切望し、コネチカット州に豪邸を購入しました。が、このことによって、彼はかなりの負債を負うことになりました。支払いがかなりの負担になり、結局そのためにまた、気のすすまない講演活動をすることになりました。これは一見、彼の挫折のように見えますが、何千という人たちが、彼の深く豊かな機知に富んだ話からのギフトを受け取り、それはまたその後の世代へと大切に受け継がれています。家や負債というものは、やってきてはやがては去るものですが、彼の叡智は年々波紋を描き、広がり続けています。

計画性を重視するマインドは、何がいつどのように起こるべきか、すぐに決めようとします。しかし、スピリットは人間への奉仕に関して、はるかに大きな絵をもち続けています。そしてしばしば、予想もしない手段を通して、素晴らしいものを人生へともたらすのです。

あなたの運命は、恐れによって決められ、支配されているわけではありません。それどころか、目的地に向かって力強くスピードを上げ、貨物列車のようにまっしぐらに走っているのです。その証に、あなたが大きな間違いを犯したと信じ込んでいる出来事は、しばしばこれからの人生を変えてくれるような結果へとポジティブに導きます。それは、あなたを古い道のりからきっぱりと切り離すための出来事です。もちろん、突然の出来事だったり、痛みを伴う場合もありますが、結果的には新しい、より高い道のりへと、あなたを乗り換えさせます。まさに「神よ、遮っていただき感謝」です。それらの出来事が、「ありきたり」に埋もれることから、あなたを救っているのです。「終わり良ければ全てよし」と私たちは教えられてきましたが、正確には「終わりは全てを調整する」です。

時にかなって生まれた発想

神は人間に、書籍や映画、様々な形の芸術や発明を通じて、光と癒しを届けています。オープンで柔らかな心をもつ著者や製作者、芸術家やエンターティナー、発明家は、パワフルなアイデアを思いつき、それに命を吹き込み、社会を前進させながら大きな成功を楽しみます。ヴィクトル・ユーゴーは、「時にかなって生まれた発想ほど、パワフルなものはない」と言いました。

私の話になりますが、昔、無名の作家から、自費出版を計画しているスピリチュアルな物語本に批評を書いてほしいと、原稿が送られてきたことがありました。さっと読んでみて、あまり面白いとは感じませんでした。アイデアも新しさが見当たらず、ストーリーも浅く、良く書けているとは言い難かったので、二章から先は読めませんでした。ですが、その作家をサポートしたいと思ったので、絶賛とは言えませんが、ポジティブな批評を書きました。

数か月後、人々がその書籍の話をしているのを耳にしました。驚いたことに、書籍への注目が高まっていました。なんと、その本は世界的なベストセラーとなっていたのです。皆がそれを読んで、語り合っていました。てっきり流行り狙いの退屈なものだと思っていましたが、飛行機の隣の席のビジネスマンも、その書籍を読んでいました。私は頭を掻きながら、これよりずっと優れていても人気の出ない本もあるのに、なぜこの本が？　と思いました。そして結局、この本は時にかなって生まれた発想だったのだと結論づけました。宇宙にはその時、世の中に届けたいメッセージがあり、この著者はそのメッセージに調和して、それを伝える役割を担ったのだと。もちろん、私はその愛すべき著者を思い、幸せな気持ちでした。唐突に思いがけずもたらされる成功は、時折、理性的なマインドとっては、理解を超えて不可思議にさえ感じます。

時々、善良とは言えない人が、世間を騒がせるような成果を手にすることもあります。それは彼らが、たまたま正しい発想と共に、正しい場所と時間に居たことで、思いがけない大きな成果が、彼らの人生に訪れたのだと言えるでしょう。それによって多くの人が助けられ、彼らの創造したものによって、世の中がより良い場所となり得るのも確かです。ですが自分を偽れば、いつかは真の自分との隔たりから生まれる結果に向き合わなくてはなりません。しかも、世の中に影響を与える力が大きければ大きいほど、それからの学びも拡大します。たとえば、彼らがお金の扱いを間違ったり、名声への誘惑に屈したり、顧客や同僚に公平に接しないのなら、彼らのもとには遅かれ早かれ、重要なスピリチュアルなレッスンがやってくるでしょう。皆がそれぞれ、自身の学びのプロセスをもっています。自分だけの唯一無二の道のりを歩いて、自分の運命を満たしていくのです。

メッセージを伝える人は、メッセージそのものではありません。メッセージを伝える人が、メッセージ通りに生きていれば素晴らしいことですが、いつもそうだとは限りません。メッセージを伝える人であっても、誰も完璧ではないのですから。メッセージを伝える人に注意を払いすぎては、肝心のメッセージを見逃してしまうでしょう。明らかにメッセージからほど遠い人が、そのメッセージを伝えるように選ばれているとしたら、それは神の何らかの計らいです。その人の欠点を見て、ジャッジしてあっさり見限ることもできれば、彼らが届けるギフトにフォーカスすることもできます。しかし、私たちが見ているその人の姿は、その人を見る時の私たちの知覚が作り出している姿にすぎません。エゴはエゴを見、スピリットはスピリットを見ます。欠点ある人が偉大なことをしたり成功したりしていても、寛容な気持ちで居られれば、あなたはきっと自分自身にも同じく寛容になれるでしょう。

人間のレベルでは、私たちは皆等しく欠点をもっています。神性のレベルでは、私たちは皆完全です。人間としてではなく、神聖なるスピリットとして見ることができれば、高次の力に、広く委ねることで、私たちを通して働きかけてもらうことができるのです。

いくつものチャネル

複数の人物や会社が、時にかなって生まれた同じ発想を同時にもつこともよくあります。その製品を世に出した一人の人物や会社が、名声を得ます。しかし、ほんの些細な運命の分かれ目がなければ、別の人や会社が偉大な伝説となったかもしれないのに、ということもあります。

最初に電話を開発したのは、アレクサンダー・グラハム・ベルですが、一方でエリシャ・グレイも同じようなことに、全力を注いでいました。ベルの代理人がアメリカの特許申請局に行って、電話の特許を申請したのが、一八七六年の二月十四日です。そして、グレイの代理人が同じような特許の申請のために当局に赴いたのは、同じ日の一時間後でした。当時から今まで、一世紀半の間、私たちは電話の発明者はベルだと理解しています。しかし、タイミングがほんの少しずれていれば、私たちは今、グレイに感謝していたことでしょう。

ライト兄弟がキティ・ホークという町で実験用の飛行機を操縦していた時、フランス人技術者のグループも、同じようなプロジェクトを進めていました。しかし、ライト兄弟が最初に飛行を実現させ、彼らが名声を得ました。

私たちは、ラジオを発明したのは、グリエルモ・マルコーニだと教えられてきましたが、実際に発明したのは、ニコラ・テスラです。テスラはラジオの特許の権利を求めて、マルコーニと争い、数十年後にアメリカの最高裁はそれを認めました。

書籍や歌、ビジネスのプロジェクトや発明の実際の起案者をめぐって、法的な争いになる場合もあります。人や会社が、「アイデアを盗んだ」として相手を訴えます。そういう場合もあるかもしれませんが、大抵は、時にかなって生まれた発想から創られた製品であり、それ故、同時に数人、あるいは多くの人が開発していたと考えられます。その発想が世に出た事実のほうが、誰によってもたらされたかよりも重要です。もちろん、それを世にもたらした芸術家や発明家は、名声やギフトを得るに値します。しかし、宇宙の大きな絵から見ると、その発想の真の名声は、偉大なるスピリットに属します。なぜなら、芸術家や発明家は、その発想をスピリットからチャネリングし、受け取っただけだからです。そして、これもよくあることですが、スピリットに通じる「チャネル」はいくつもあります。多くの人たちが一つの発明にフォーカスし、その集団のマインドが、ある一人の人や会社に働きかけ、彼らが応え、発明し、名声を手にするのです。名声を手にできなかったからといって、打ちひしがれる必要はありません。なぜなら、その最初の発想が生まれたところからは、次にはもっと多くの発想がやってくるからです。

引き出す力

新しい発明や文化的な進化は、大勢の人々が必要性を感じ、準備ができ、その革新を求めることによって実際の場に引き出されます。エイブラハム - ヒックスは、この力学を**「引き出す力」**と呼びました。強い意図が、それを具現化する手段を、宇宙から引き出すのです。「必要は発明の母である」との格言を通して、私たちもこの原理は理解しています。強く深い意欲が、望んでいる物の具現化を早めるのです。その物が実際に現れれば、正しくチャネリングして望みを叶えていると言えます。

庭に生い茂り、生垣を作っているハイビスカスの花を剪定している時に、私は「引き出す力」

について学びました。枝をかなり奥まで刈り込んでも、やがてまた葉や花が生い茂ります。しかも、剪定前よりも多いのです。強い根は、地中深く、枝を伸ばしてつながり、土壌からの水や栄養を吸い上げ、より多くの葉や花を出すようにと刺激しているのです。あまり根がなく、細い枝の小さめの植物には、こんな強い引き出す力はないでしょう。ハイビスカスの木の根は、潜在的なニーズや欲求、そして群衆の意図にたとえられます。そして、個人的にも、文化的にも、またこの地球の進化においても、「花」を引き出しているのです。

政治もまた、「引き出す力」を象徴しています。私たちは、世界中の国々が苦しむ病気や戦争を政治家のせいにはできません。また、選挙が社会の向上の源とはなりません。

ほとんどの選挙において、人々は戦争を続行し、予算を軍事強化に投じるような指導者に投票しています。アメリカの年間軍事予算は、現在のところ、ほぼ一兆ドルに近いと言われています。アメリカ人が心からこの予算を減らしたいと思うのなら、そうなるはずです。しかし実際は、莫大な軍事費を引き出す力は、人や地球により良いケアをするための引き出す力よりも大きいのです。

他国の中には、紛争よりも調和へとフォーカスして、それを実現している国もあります。たとえばコスタリカは、七十二年前に当時の軍隊を解体しました。それから今に至るまで、他国からの侵略も征服も、干渉もありません。軍事に使っていた経費分は、教育やヘルスケア、年金などに方向転換され、とても喜ばしい結果を上げています。最近の世界の幸福度ランキングで、コスタリカはラテン・アメリカ地域で第一位、世界では十二位でした。未来を見据えて軍事力を捨てるというそのステップは、高次のマインドをもつ、数人の指導者が行った結果ではありません。組織の中の政治家は、コスタリカ国民の大多数が願っていた、もっと賢い財源の使い方についての意見を述べただけです。コスタリカでは、幸福が一番の引き出す力であり、国民はその決断による恵みを受け取り続けています。ドワイト・D・アイゼンハワー大統領は、この力を以下のように言い表しました。「人々がこんなに強く平和を望んでいるのだから、政府はいつかは、彼らの邪魔をすることを止めて、彼らの望むままにさせるべきである」と。

悪魔は自分の雇い主を知らない

時に、明らかにダークで邪悪な道を経たにもかかわらず、偉大なアイデアが世に出ることもあります。誰しも、「良いものとは、このようにして世の中へ出ていくべきだ」という思いがあることでしょう。しかし、そういう意見もまた制限された見方です。スピリットは、はるかに大きな絵を見ています。

インターネットは、最初の段階では軍事力を高めるツールとして計画されました。戦略家たちが、核戦争が起こり、司令部が使えなくなった場合、他にコミュニケーションができる場所をもつために、中枢に集約させないようなシステムの開発をしたかったのです。インターネット技術は、最初は戦争の道具であったにもかかわらず、今や私たちの生活を向上させる、多くの愛に満ちた目的のために使われています。

かつて、インターネットによる動画配信は、とても未発達なもので、とても使えるものではありませんでした。フリーズしてしまい、次がダウンロードされるまで待たなくてはなりませんでした。性的なウェブサイトを運営する者たちが、その動画を配信できれば大きな収入になると気づき、伝達のスピードを上げるためのプログラマーを雇ったのです。それがウェブで動画を流せるようになった、最も強い一つのきっかけです。現在、動画配信は、はるかに輝かしいものとなりました。社会に活力を与えるコミュニケーションとして用いられています。その最たる例がコロナ禍の時です。ズームをはじめとするビデオ会話システムは、家に一人で居る何十億の人たちが、画面越しに家族や友人、職場の同僚とつながり、また、教育や医療の面でも役立つものとなりました。

小さな村のラビ（ユダヤ教の宗教的指導者）のところにやってきて、不満を漏らしたある男性の話があります。「信者のデービッド、モシェ、それとチャイムは、夜を徹してずっと賭け事をしていました」と。「それは良かった！」ラビは微笑んで答えました。その男性は唖然として、「でも、賭け事は、私たちの宗教ではゆるされないことです。彼らをとがめないのですか」とラビに聞きました。すると、ラビはこう答えました。「彼らが賭け事をしたのは、褒められたことではないでしょう。でも後に、彼らの心が神に向かえば、今度は神聖な目的のために、夜を徹して奉仕できるはずです」と。

全てのことは、中立です。その価値は、私たちがそのことをどう使うかで決まります。小さな自己は、自分の鼻先を超えた遠くまでは、見ることができません。ですが、大いなる自己、つまり真の自己は、全てのもの、出来事、そして体験が、より大きな運命につながるためのものだと理解しています。

幸福な偶然

とても実用的で有名な発明の多くは、世の中に偶然にもたらされたように見えます。第二次世界大戦が終わった直後、海軍のラジオ技師のパーシー・スペンサーは、レーダー設備のある場所の近くを歩きながら、ふとポケットに手を入れてチョコレート・バーを取ろうとしました。そして、驚いたことに、それがすっかり溶けてしまっていることに気づきました。これはレーダーから出ている、熱を作り出すマグネトロンの電磁波が原因かもしれないと彼は思いました。なので、次にポップコーンの実をもって歩いたところ、放射線のある場所で弾け、ポップコーンができあがりました。その事実を疑った同僚の目の前で、生卵が焼きあがる様子も見せました。スペンサーはこの発見を研究室にもち帰り、料理を作るために放射線を役立てる方法を見つけました。そうして生まれたのが、電子レンジです。

スイス人技師であるジョルジュ・デ・メストラルは、犬と一緒に山への散歩から帰ってきた時、犬の毛や自分のズボンに、たくさんの植物の実がくっついていることに気づきました。なぜそんなにしっかりとついているのかと興味を覚えたところから始まり、彼は十年をかけて、そのとても小さな巻きひげの、もう一方の面とのかみ合い方を研究しました。何度も実験を重ね、彼はナイロンによってその仕組みを再現しました。そうしてできあがった面ファスナー（マジックテープ）は、今や運動靴や手首に時計を巻くため、デスクの下でパソコンのケーブルを纏めるためなど、その用途は数えきれません。

スコットランド出身の内科医、アレクサンダー・フレミングは、一九二八年、彼の実験室の洗い場に使用済みのペトリ皿を置いたままにして、急いで休暇に出かけました。その皿には、危険な感染症の原因となる、ブドウ球菌がついたものも含まれていました。数週間後に実験室に戻った時、カビが発生している一部分を除いて、ペトリ皿には黄色ブドウ球菌が繁殖していました。フレミングは未繁殖の部分に注目し、顕微鏡で見た結果、アオカビの一種が球菌の繁殖を阻止していることに気づきました。その瞬間こそが、薬剤において最初の抗生物質として開発された、ペニシリン誕生のきっかけです。それによって数えきれないほどの人たちの命が救われ、後にフレミングには、二人の共同研究者と共にノーベル賞が授与されました。

＊

宇宙は、人類を助けるための可能性を溢れんばかりにもっています。そして、アンテナをもち、その思いがけない隠れたチャンスを察知した人たちが、それらを実現していきます。運命にとっては、伝統も期待も、その人の個性も、社会的な偏見も、全く関係ありません。それどころか、全く一般的ではない、むしろ変わった道を歩いている珍しい人たちを通して、実現されることもよくあります。人間が進歩する準備ができた時、宇宙のマインドはそれをもたらす道を見つけるのです。宇宙の神聖なる知性が、その「何か」を選択したら、それをもたらす「方法」も調整してくれます。ですから、自分が好きになれない、理解ができない人々や出来事に対しても、謙虚で在り続け、偏見をもたないようにしましょう。どの人もどの出来事も、大きな進化という絵のモザイクの中で、それぞれの居場所を担っているのです。ある瞬間には、ばかげていて不要で、悪いことにさえ思えることでも、目の前の人、あるいは全ての人類を助け、癒すための鍵となるかもしれません。

また、あなた自身に対しても、自分の過ちや誤った意図を、自分のためや他人への奉仕のためにはならないと、早々と決めつけないようにしましょう。明らかに最悪の間違いだと思ったことが、最も深い変容や癒しに導くことがあります。正しい思考は、思い込みが罪や呪いを見出すところにこそ、祝福を見せてくれます。呪いとは、恐れのマインドから解釈されたものです。神は呪いに影響されません。そして、完全で完ぺきな神に似せて、神のイメージにおいて創造されたあなたも、影響されることはないのです。全ての出来事や縁や体験は、結局は魂の目覚めを促します。そして、魂の目覚めこそが、私たち人間の旅路の最も高貴な目的なのです。

運命の泡

一九一二年、氷山に衝突し、千五百人以上の犠牲者を出して沈んだタイタニック号の事故において、客室乗務員として乗船していたバイオレット・ジェソップは、数少ない生存者の一人でした。それから四年後、ドイツの潜水艦が敷設していた機雷に触れて沈んだ、ブリタニック号にも乗船していましたが、生き残りました。さらに、この二つの事故より前の一九一一年、彼女はオリンピック号にも乗船していました。イギリスの軍艦にぶつかり、沈むことはありませんでしたが、船が損傷した事件です。これらの度重なる事故から逃れたことで、彼女に与えられた称号は、「不沈の女王」でした。

どんなに多くの人が同じ運命を選んだとしても、他人が選んだ運命に、あなたの運命が左右されることはありません。あなたには、他人の魂の意図に関係なく、あなた自身の魂の意図に合う運命を発動させる力があるのです。自分の周囲の多くが体験しているものとは全く異なる、「泡（バブル）に守られた現実」の中で、自分自身を生きることができます。たとえば、多くの人々は「経済」を語る時に、まるで全ての人々を統治している、一つの経済があるような言い方をします。しかしそうではありません。たとえ多くの人が、経済のある傾向を体験していたとしても、別の経済を同時に体験して生きている個人やグループはあります。景気の悪い人たちが常に居る一方で、景気のいい経済にどっぷりと浸かっている人も居るのです。ほとんどの人が体験していても、それを体験しない人も居ます。運命をどう彫り込むかは自分次第です。他人の選択とは関係ありません。

オランダ人のサイクリストである、マーテン・デ・ヨンデは、二〇一四年の三月八日、マレーシア航空の三七〇便に搭乗予定でしたが、一時間前の便に変更しました。数時間後、三七〇便はインド洋上空で不意に消息を絶ち、これは歴史上最も奇妙で不思議な、航空機行方不明事件となりました。同じ年の七月一七日、デ・ヨンデ氏は、マレーシア航空の一七便のチケットをもっていました。しかし、節約のためと言って別の便に変更したところ、一七便はロシアに撃墜されたのです。

統計学で見ると、事故便の出発前にチケットを変更したり、キャンセルしたりした人たちの平均人数は、事故にならなかった便の出発前のチケット変更をする人たちの平均人数より多い、となっています。これは偶然ではないでしょう。事故便のフライトに関係した人たちには、その飛行機に乗った人も乗らなかった人も等しく、それぞれの運命の日があったのです。

ジェリー・エプスタインは、マンハッタンの世界貿易センターで働いていました。ある朝、彼はヨーグルトを食べようと思い立ち、通勤路で数分間の寄り道をしました。二〇〇一年九月一一日のその朝、ジェリーが数ブロック先のカフェにいる時に、ツインタワーは攻撃され、崩壊しました。ジェリーの寄り道が、彼の命を救ったのです。

バイオレット・ジェソップもマーテン・デ・ヨンデ、ジェリー・エプスタインも、単にラッキーだったのでしょうか。あるいは、高次からの計らいに導かれていたのでしょうか。私は、彼らには生き続けるための目的があったのだと信じています。しかし、もちろん、その目的が何であるかまではわかりません。その後の人生を通して、彼らだけが決めていくことができるものでしょう。

聖書には、「あなたの全うすべき日数は、神がそうさせる」と書かれています。私たちはそれぞれ、ここに居ると決めている間は、ここに居るのです。その日よりも前に旅立つことも、後に旅立つこともないでしょう。ですが、人生の流れが魂によって選択されているとしても、人生の質は**私たち**によって選択されます。どのくらい長く生きるかは、**どのように**生きるかほど重要ではありません。人生で一番成し遂げるべきは、その長さに関係なく、幸せに生きることです。

結局のところ、私たちは皆「不沈」なのです。肉体に何が起こっても、私たちは不滅で、壊れることのない魂の存在なのです。物理的な船である肉体は沈んでいくかもしれませんが、私たちの本質は、世界的な災難をはるかに超越して高く上昇するでしょう。私たちの一部は傷つくことも死ぬこともないのですから、全員が悲劇からは救われているのです。肉体だけの存在であれば、直面した問題に深くはまっていきます。ですが、霊的な存在だとすれば、私たちはこの世界の問題を超越します。なぜなら、高い意識をもつ者には、この世界の問題は手を触れることができないからです。ですが一方で、より大きな神聖な旅路を知るためには、人間としての旅路もまた大切です。谷間で足掻くことから解放されたいと思うが故に、山の頂上から人生を見渡せるようになるからです。

運命は何がぴったりかを教えてくれる

形ある全てのものには、それ固有の周波数があります。このページのこの文章を見ることができるのも、あなたの目が、この本や電子書籍が出しているものと、同じ周波数で共鳴しているからです。あなたが今座っている部屋にも、赤外線や紫外線、ガンマ線などの様々な光の周波数が行き来していますが、比較的、狭いスペクトルで光を認知する肉体の目では、見ることはできません。音に関しても、耳が共鳴したもののみを聞くことができます。ですので、犬の耳は、人が聞き分けられないたくさんの種類の音を聞くことができるのです。あなたが気づくものは全て、それを知覚するために使っている身体の機能が、その波動と合ったものなのです。ニコラ・テスラは、「宇宙を理解したいなら、エネルギーや周波数、波動を考えることだ」と言っています。

あなたの魂もあなたの運命とぴったりのもの全てに共鳴し、合わないものには全く共鳴しません。自分に属しているものには気づきますが、属していないものには気づかないままになっているはずです。見る必要のあるものを見て、見る必要のないものは見ないのです。この真実は、あなたのとても深いところに埋め込まれています。

J・K・ローリングは、『ハリー・ポッターと賢者の石』の原稿を、十二社以上の出版社に送って、断られました。編集者の中には、彼女に「子ども用の本を書いて、生計は立てられないから、今やっている日々の仕事を続けたほうがいい」と言った者さえいました。しかし、小さなイギリスの出版社、ブルームズベリー社の社長が、八歳になる自分の娘のアリスにその原稿を見せると、最初の章を読んだだけで、書籍化をおねだりしたのです。そのハリー・ポッターシリーズは、文学史上、空前のベストセラーになりました。そして、シングルマザーとして貧困にあえぐあまり、店からおむつを盗んでいたような一人の女性を、今やイギリス女王よりも裕福にしたのです。彼女が描いた物語は、世界中の多くの子どもや大人を楽しませ、感動させ、そして彼らに学びを与え、その映画も大ヒットとなりました。

小さなアリスがその物語を気に入り、父親に出版をおねだりしたのは、果たして偶然だったのでしょうか。そんなことはないでしょう。出版を断った大人の編集者たちは、物語の深いところに共鳴しませんでしたが、アリスは強く共鳴したのです。彼女の目は、ハリー・ポッターの冒険にある、潜在的な力を見ていました。そして、彼女の父親も、喜んで彼女のヴィジョンを共有したのです。あとはご存知の通りです。

ビートルズが、レコーディングの契約先を探していた時、最初は次々と断られました。コロンビア、ＨＭＶ、パイ、フィリップ、オリオーレ、そして最後にはデッカにも。デッカの上層部は「ギターのグループは、時代遅れだ」「音楽業界にビートルズの未来はない」とまで言いました。そして代わりに、ビートルズよりも旅費経費が安くて済むとの理由で、当時レコーディングスタジオの近くに住んでいた、ブライアン・プール＆ザ・トレメローズと契約しました。ビートルズは最後にやっと、プロデューサーのブライアン・エプスタインの目に留まり、ＥＭＩの傘下であるパーロフォンが彼らとの契約を決めました。それから彼らは順調に売れ続け、史上最も成功したエンターティナーとなっていったのです。

ビートルズとの契約を断ったプロデューサーは皆、彼らの才能を理解していませんでした。しかし、ブライアン・エプスタインにはわかっていたのです。彼の波動は、ビートルズの潜在的な力にぴったりと共鳴しました。そんな人がたった一人でも居れば、その偉大さを理解し、広めるに充分なのです。ビートルズのメンバーのポール・マッカートニーは、後にエプスタインについて、こう語りました。「彼は、僕たちが自分でもっているヴィジョンなんかよりも、もっと大きいヴィジョンを僕たちのためにもっていてくれたんだ」と。

運命は、抵抗が一番少なくて済む道を自分で見つけて、あなたのところへやってきます。あるいは、一番大きく開いているドアを通ってやってくるのです。

たとえ、恋人にしたい誰かや、雇用主、プロデューサー、出版社、大家、売り主、あるいは業者から拒絶されたとしても、それは必ずしもあなたの才能や価値の欠如を示しているわけではありません。あなたを拒絶したその人は、あなたが提供できるものを理解する目がないのかもしれません。あなたと合わないが故に、その人にはあなたが目に入らないのです。あなたを欲していない誰かを刺激できなかったからといって、それはあなたのミスではありません。より大きな運命へと、あなたの軌道を修正しているだけです。その人たちには見えなかったあなたの可能性を、違う目で見て理解する他の誰かは必ず居ます。おそらく、たくさん居るでしょう。J・K・ローリングやビートルズを拒絶した全ての会社が、「見ようとしない人ほど、見えない人はいない」と証明しています。

運命の泡の守護

秋月辰一郎医師は、一九四五年の長崎原爆投下を生き延びました。爆心地から一マイルも離れていないところで自らも被爆しましたが、命は助かりました。その後も、後遺症に苦しむ多くの被爆者たちの治療を続けました。秋月医師は、自らの研究において、味噌を普段から多く摂取していた人たちの生存率が高いこと、多くの人の死の原因となった放射線の影響から回復する傾向にあることに注目しました。

味噌と健康の関係性も興味深いですが、もっと根本的に大切なことは、災害や危険で命を落とす人が居る一方で、少数であっても守られた人たちが居るという事実です。これは「運命の泡の守護」と呼ぶべきものかもしれません。

以前、本の中で、聖母マリアを崇拝するロシアの小さな村のことをとりあげたことがあります。疫病が蔓延して、周囲の地域で多くの命が失われる一方で、この村では誰一人として、その影響を受けませんでした。奇跡的な出来事ですが、天使のおかげか、あるいは村人たちの信仰のおかげか、それは重要ではありません。ただ、その結果が一つの事実を物語っています。つまりは、「他がそうではない時、彼らは守られていた」ということです。

詩篇（旧約聖書）九十一篇には、「運命の泡の守護」が見せる現象について、以下のように書いてあります。


最も高次なる場所に隠れ住む者は、全能なるものの木陰で休息するであろう。

ヤハウェ（神の名）のもとに、私は言う。「あなたは私の隠れ家であり、城である。信頼してやまないわが神よ」と。

主はあなたを狩人の罠と、恐ろしい疫病から救い出されるからである。

主は自らの羽根をもって、あなたを覆い、その羽根の下に、あなたは隠れ家を見出す。

その信頼の深さたるや、あなたにとっての盾であり、城壁である。

夜の恐怖も、真昼に飛び交う矢も、暗闇の中、忍び寄る疫病も、真昼の荒くれ回る破壊も恐るるに足りぬ。

あなたのかたわらに千人、右手に万人倒れようと、恐れはあなたに近づけはしないだろう。

あなたはただ我が眼でそれを見、邪悪への報いを知るのである。

あなたはヤハウェを隠れ家とし、高次なる住まいとしたのだ。なので、邪悪なことはあなたには起こらず、あなたの住まいに疫病も近づかない。

主が、天使を遣わせて、あなたを気にかけ、あなたの歩く全ての道を守らんとされるからである。

天使らはその手であなたを支え続け、石に足を打ちつけることのないようにする。

あなたは獅子とコブラを踏みつけつつ、歩むであろう。若い獅子もヘビも、足で強く踏みつけるであろう。

主は我を愛し続け、それゆえ、我は主を伝えよう。主は我が名を知りたもう。故に我は主を高く崇めよう。

主が我を求めれば、我は主に応えよう。我が悩める時も、主は共に居るのだ。私は主を伝え、主を讃えよう。
命の限り、主を喜ばせ、我が救いを主に示そう。

「自分の内外にかかわらず、神は至るところに存在する」とわかって生きていれば、深い悲しみや罠にはまることはありません。自分は愛から切り離されたと思い込んだ時に、人は傷つくのです。より高い波動に自分を保っていれば、その波動に合う全てのものにアクセスできるでしょう。より低い波動のものは、あなたに触れることも害を与えることもできないはずです。それどころか、それらの存在に気づきもしないでしょう。なぜなら、より高い目的や運命に向かって守られているからです。先の詩篇が伝えている励ましと安心は、ここにあります。危険を感じ、恐れの気持ちが高まる時、この詩篇を読み、唱えれば、誰もがきっと落ち着けるでしょう。

牙をむいていた動物が大人しく

アンナ・ブレイテンバッハは、動物の内なる存在と対話できる、才能豊かなアニマルコミュニケーターです。その卓越した能力で成功を導いた、数多くの例が伝えられています。

黒豹に、アンナが会いに行った時のことです。その豹は、ある動物園で虐待されていました。アンナが出会った時は、そこから救出され、保護区域に入っている時でした。動物園での彼はあまりにも攻撃的だったので、世話係から「ディアブロ（スペイン語で悪魔の意）」と名付けられました。保護区域に来ても、彼は夜の寝床として用意された場所を避難所にし、隠れるようにして外に出ることを拒んでいました。そして、近づいてくる全ての者に対して、激しいうなり声を上げていました。保護区域の管理者さえも傷つけられ、一週間、病院送りにされていたのです。

アンナは数分かけて、黒豹に意識を合わせ、誰も彼を理解しないことに彼が傷ついているのを感じ取りました。また彼は、自分の名前を嫌っていることもわかりました。さらに、動物園で自分と一緒に居た、二匹の仲間と離れて寂しいと感じていることも、アンナは読み取りました。アンナがこのことを管理者に伝えた時、彼はとても驚きました。ディアブロは、もともと二匹の仲間の檻の近くで飼われていましたが、その情報はアンナが知るはずのないものだったからです。アンナは黒豹に、今はもう安心していいことや、ここでは何も強いられることはないことを、しっかり伝えました。すると、すぐに彼はリラックスし、半年間ずっと居続けていた避難所から、初めて出てきたのです。彼は大人しくなり、時折親しみさえ示すようになりました。これを見た管理者の彼は、がっちりした体を丸めて、たまらず涙を流しました。そして、黒豹の名前を改め、新たに「スピリット」と呼ぶようにしたのです。アンナの直観のパワーは、痛みの中に生きるものの魂に、そっと優しく触れました（このスピリチュアルな交流はYouTube「The Incredible Story of How Diablo became Spirit」でご覧ください）。

イタリアのある村について語られた、よく似た話があります。その村の人たちは皆、一匹の狼に恐れおののいていました。その村をアッシジの聖フランシスコが訪れ、その狼と心を通わせ、「誰もお前を傷つけはしないのだから、お前もこれ以後、誰も傷つけてはいけない」と言って聞かせたのです。その瞬間から、狼は親しみを見せ始め、村人が悩まされることはなくなりました。

この二つのケースは、「危険だ」と全員が思い込めば、その状況に関与している全員を脅かす結果を生むという良い例です。しかし、その中にあっても、たった一人でも高い周波数を維持していれば、状況を変化させ、もう一つの運命を創造し、全ての人へ恵みをもたらすことができるのです。

でも、その他大勢についてはどうなる？

他人が救われていないのに、自分だけが救われた事実を「奇跡」と称することに対して、ある神学者の反論を聞いたことがあります。「飛行機が墜落し、自分だけが生き残った。『奇跡だ！』

とあなたは叫ぶ。なぜなら自分は生き残ったからだ。だが、その他の亡くなった三百人に対してはどう考える？　彼らにとっては、奇跡でも何でもない」と。

彼の反論を通じて、私たちは奇跡、守護、そして運命とは何かという重要な問いに導かれます。この世で起こることに、知性で理解できるような理由はありません。肉体の感覚のみが伝えることをベースに働く思考は、宇宙のごく浅く薄い部分に気づいているだけです。知性は多くのことを説明してくれますが、説明できないことのほうがはるかに多いのです。より深い説明を求めるのなら、魂のレベルまで踏み込んでいかなくてはなりません。

命を落とした飛行機の乗客たちは、それぞれが自分だけの運命の日をもっていました。彼らはそれぞれの目的のために、それぞれの寿命を生きることを、すでに選択していたのです。そして、その目的が果たされて、彼らの使命は完了となりました。

人間的な視線で見ると、これは理解できないかもしれません。なぜなら、私たちは皆、永遠に生きたいと思うからです。そして、もっとすべきことがあるはずだとも信じています。このような災害の場合、最愛の人を失ったご家族と共に、私も悲しい思いをします。悲しい出来事を体験する人たち全員にとっては、単純ではなく、気楽に考えられることなど何もないからです。私も全員無事だったらよかったのに、と心から思います。しかし、魂は違います。魂は、知性では丸め込めない理由をもっています。思考の理解を超えたところにある、もっと深い計画への強い信頼を、魂は包みもっているのです。

そして、ここに来て、向き合わざるを得ない、究極の問いにたどり着きます。私たちは単に、生まれて、少しの間この世で過ごし、死んでいくだけの肉体なのでしょうか。あるいは、皮膚が包み込むものや心臓の鼓動の数では測れない何かが、私たちの中にあるのでしょうか。飛行機事故で肉体を失った人たちは、霊的な存在としてまだ生き続けているのでしょうか。神のもとに還り、肉体をもたない霊的な存在として居続けているのでしょうか、それとも彼らは新しい肉体と共に、後に戻ってくるのでしょうか。他の亡くなった人が肉体を失ったのに、生存者は肉体を維持し続けても良いのでしょうか。

これらは単純な質問ではありません。深く考えるに値します。なぜなら、人生の旅路そのものが、これらの質問に自らの答えを求め、内なる平和と共に手に入れなさいと、私たちを真っ向から導いているからです。

私は、痛みや喪失から逃れた人たちが安堵し、感謝しているのを見ても、羨むことなどありません。感謝の心は、どんな状況であっても祝福です。見つけた奇跡は全て、私たち皆で使うことができるのです。深く悲しむ人たちとは共感し、彼らを慰めるためにできることは何でもしましょう。苦しみに出会ったらいつでも、それを和らげること。それが私たちに課された尊い役割です。まずは、自分自身の苦しみを和らげましょう。他人を苦しみから解放するためには、それが最も役に立ちます。飛行機事故での生存者たちと共に、私は感謝をします。そして、亡くなった方たちに対しては、彼らを愛してやまない家族たちのために、彼らが霊的な存在である真実を讃えて、この世のあらゆる限界から解き放たれるように祈ります。

この地球という惑星においても、たくさんの同時進行の現実が存在しています。あなたが見る現実は、あなたの意識が創造しています。人生のギフトもつらさも、皆それぞれがもっている知覚から生まれたものを、皆それぞれが受け取っているのです。運命は、私たちが焦点を当てている信念、感情、人生への姿勢や言葉に沿って創造されます。ポジティブなマインドはポジティブな結果を、ネガティブなマインドはネガティブな結果を引き寄せます。愛あるハートは愛を引き寄せ、与える者と受け取る者全てに平和を生み出します。つまりは、どの瞬間においても、自分の将来に対してはもちろんのことですが、他者を元気づけることで、彼らに対しても、最も高い潜在的な将来へと育っていく種を植え続けているのです。ギリシャの哲学者であるヘラクレイトスは、以下のように言っています。

魂は、その思いの色に染められる
あなたの真実に一致し
光に向かうものだけを考えなさい
あなたの人格もあなたの選択で決まる
日々、あなたが行うことが、あなたを作り上げていく
あなたの誠実こそが、あなたの運命なのだ
そして、それがあなたの道を照らす光である

直観：運命への扉

友人のケリーは、ボストンからニューヨークに向かう、アメリカン航空の十一便に乗る予定でした。当時、音楽業界で働いていた彼女は、現地でマイケル・ジャクソンのプログラムに参加することになっていたので、この出張を楽しみにしていたのです。しかし、出発時間が近づくにつれて、なぜか落ち着かない気持ちになりました。しかも、その感覚はどんどん強くなり、ついに彼女にチケットをキャンセルさせるまでになったのです。その予感の理由は、すぐに明らかになりました。二〇〇一年九月十一日の朝、彼女が搭乗するはずだった十一便は、テロリストに乗っ取られ、そのままツインタワーに衝突し、乗客全員とツインタワーの中に居た、多くの命が失われたのです。

大きな危険が迫っていることを、ケリーに教えたガイダンスは、一体彼女の内側のどこから来たのでしょうか？　彼女の知性からやってきたものでないことは確かです。なぜなら、チケットをキャンセルする論理的理由など全くないのですから。このように、マインドが知ることのないその理由を知っている魂が、内側には存在しています。

ケリーが特別だったというわけではありません。私たちには皆、生まれながらにして、深い直観を生み出す働きが具わっています。その働きに気づくことがあまりないのは、それをあまり使っていないからです。その証拠に、幼少期には内なるガイダンスを、はるかに頻繁に受け取っていたはずです。好意を感じる人には近づき、不快なエネルギーを感じる人は避けていたことでしょう。好きな食べ物は口に入れ、嫌いなものは吐き出していました。親たちには見えないけれど、自分にはとてもリアルな「遊び友だち」をもっていた人もいるはずです。特に考えたことすらないのに、ただ「知っていた」魔法のような領域があり、小さな頃はそこに住んでいました。

しかし、それから私たちは、左脳だけに基づいて生きるようにと教育されました。一日の多くの時間を椅子に静かに座り、教科書をくまなく読み込みなさい、数学に集中しなさいと教えられました。過剰な量の歴史的な事実を頭に詰め込まれ、記憶し、テストに備えるように訓練されたのです。学校で教わったことは、物質界をうまく渡っていくための準備にはなったでしょうが、そのシステム化されたやり方が、むしろ私たちを直観から引き離しました。直観のほうが、左脳だけで生きるよりも、はるかに効果的に、私たちを導いてくれるというのに。

ですが、直観を完全に失ってしまうことは決してありません。それは生まれながらに具わり続け、いつでもアクセスできるものです。今、人生の目的や結婚すべき相手、住むべき場所、働くべき会社などに迷い苦しんでいるなら、あなたのその不安は、自分の答えがわからないからではありません。あまりにも過剰に、思考を使い続けているからです。何かを選択する際、思考は役には立ちますが、限界のある道具でもあります。思考より深い部分のほうが、あなたに必要な答えを全て知っています。そして、あなたが自分から、そこに尋ね、そこで聞いたことを信頼し、その導きに従って行動したいと思うのであれば、その答えはすぐに差し出されるでしょう。

熱い魂、それとも冷たい魂？

直観は、あなたの最も高い運命と、そこへとあなたを導く術《すべ》を充分知り尽くしています。なぜなら、神が知っていることは全て、あなたも知ることができるからです。この真実は、私たち人間を疑いの余地なく信頼している、創造主の深い愛と叡智を表しています。

直観に近づくと、内側から力が湧いてきます。一方で、直観から離れると、その力は失われていきます。私たちはそのような感覚を通して、直観へと導かれるのです。子どもの頃、パーティーなどでよくやった、「熱い？　冷たい？」ゲームを思い出してください。あなたが部屋の外に出された後、友人があなたの持ち物から小さなものを選んで、部屋のどこかに隠します。その後、あなたは入室を許されますが、部屋に居る人たちが、あなたがそれを見つけるまで導くのです。隠されたものにあなたが近づくにつれて、皆は「温かい、熱い、燃えるほど熱い」と声を出し、反対に離れるにつれて、「冷たい、もっと冷たい、凍るほど冷たい」と言います。「熱い」サインに従って、「冷たい」を避けていけば、最終的にはその地点に到着して、それを見つけられます。

魂もそれと全く同じようにして、あなたを導いています。しかし直観は、「熱い」とは言いません。代わりに、喜びや活力、内なる平和を感じさせてくれるでしょう。そこから離れてしまうと、今度は空虚さや落ち込み、痛みなどの感覚を通して「冷たい」を味わうはずです。踏み出した方向に感じていることに対して、あなたが正直でありさえすれば、間違いなく導かれます。

魂からのガイダンスを受け取るには、心をオープンにし、リラックスして、耳をよく澄まさなくてはなりません。たとえば、感情の混乱、内なる知恵ではなく外側からのアドバイス、些細なことへの心配に心を奪われてしまったり、ガイダンスそのものを疑うのなら、つまりは魂の計画よりもエゴの計画にしがみつくのならば、内なる声はかき消され、聞き逃してしまうでしょう。

挙句、誤った方向へと進み、自分で混乱を招き、あなたは後からきっと言うのです。「ああ、あの静かで小さい、内なる声の囁《ささや》きに従うべきだったな」と。

しかし、たとえ誤りだったとしても、それもまたあなたのトレーニングの一環です。またやり直して、誤りはほぼ正すことができます。そして、心新たに内なるガイダンスに従って、また動き出すのです。運命に続く道には、常にもう一つのルートが選択肢としてあります。それに時として、成功からよりも誤りからのほうが、より深い学びや力を得ることができます。明らかな誤りに見えても、それはあなたの学びにとって大切な要素です。ですから結局のところ、深いレベルにおいては、誤りなど全く存在しないのです。

あなたの直観を深めるには？

直観と自分自身の関係性は、深めていくことが可能です。深めれば、内側からの聖なる声はより大きく、はっきりと聞こえるようになります。それではここで、そのために必要なことをいくつかご紹介しましょう。

肉体をリラックスさせる

肉体がゆったりと寛いでいれば、高次のマインドとの交流がしやすくなります。ヨガや運動をする、マッサージを受ける、湯に浸かる、お昼寝をするなど、肉体の緊張を洗い流してくれることは何でもやりましょう。緊張していると、大切なメッセージを受け取りにくくなります。ガイダンスを受け取るために、肉体を万全の状態にしておきましょう。

マインドを鎮める

モンキーマインドが、深いところからやってくる内なる声をかき消してしまうと、直観を受け取り損ねてしまいます。実はそれが、直観を聞き逃してしまう第一の理由です。騒がしい思考のブロックによって、微かに響くシグナルが伝わってこなくなるのです。しかし、たとえば瞑想している時、祈っている時、音楽を聴いている時や、望んでいる目標や目的に向かって集中している時などには、思考は鎮められています。一種の催眠状態やアファメーションもまた、騒がしさを退けて、超意識に飛び込めるように誘《いざな》ってくれます。

無感覚になったり、集中できなかったりする活動をやめる

ワーカホリックになるほどオフィスに居続けて、コンピュータの前に何時間も座っていたり、気が滅入るようなニュースを見たり、ゴシップにぶつぶつ言ったり、ずっと何かを心配したりし

ている時は、重いぼんやりした幻想の世界に巻き込まれているようなものです。これでは導きの声が入ってくるのは難しいでしょう。心地よさやはっきりとした感覚から、あなたを遠ざけるような環境や活動からは離れて、魂に休息を与えましょう。

作家（あるいは、他の芸術家たち）の中には、創作活動において「ライターズブロック（執筆の壁）」などと呼ばれる、何らかの妨げについて不満をもらす人もいます。しかし、実際はそんなものはありません。あなたとあなたが創造するものの間には、遮る壁などどこにもないのです。つまり、あなたは「ライターズブロック」の犠牲者ではありません。ただ、創造への強い思いからはほど遠い思考や感情にフォーカスするあまり、執筆（あるいは、他の芸術）活動から気持ちが逸れているだけです。自分は行き詰まっているのだと不満を言うよりも、気持ちを高めるものや、喜びの源へと目を向け直してみましょう。そうすれば、自分を窒息させるものから、感性を刺激するものへと自然に視線が移り、創造の力はすぐに戻ってくるでしょう。

気持ちを高めるアイデアにフォーカスする

気持ちが高まる本を読んだり、豊かさを感じるビデオを見たり、同じ志をもつ仲間と共に大きな夢を描いたりすることで、あなたは正しいマインドに居続けることができます。知性を賢く使って、自分に力を与えてくれることを考えるのです。

魂との会話を深める

ガイダンスを求めて、自分の魂と直接話をしましょう。多くのスピリチュアルな師は、まるで良き友人と話すようにして神と話します。あなたも同じように、その友人にアクセスすることができます。そして、話を聴いてもらい、知るべきこと全てを教えてもらうのです。

ガイダンスがやってくる方法とタイミングを信頼する

ガイダンスの受け取りに関して、今すぐに、あるいは、特定の方法を通してやってくるに違いないなどとは、決して思わないでください。そのタイミングと方法は、ガイダンスそのものと同じくらいに完璧で賢明です。求めたら、手放しましょう。思いがけない瞬間にアイデアが閃くかもしれませんし、ヒントとなる夢を見たり、強く語りかけてくる本の一文に出会ったりするのかもしれません。あるいは、誰かに偶然に言われた一言によってかもしれません。叡智に委ねれば、完璧な方法とタイミングで、ガイダンスのほうから、あなたを見つけてもらえます。

許可証を使う

易経やエンジェルカードなどを使ったり、サイキックや直観力のあるカウンセラーの助けを、「許可証」として借りるのも良いでしょう。感情が混乱している時には、相談にのってくれる人たちが、あなたが見落としているものを見つけてくれるかもしれません。また、オラクルカードは、内なる知恵に触れられるように刺激してくれるでしょう。ただし、受け取ったアイデアが自身のガイダンスに共振するものであるかどうかは、しっかり確認してください。

全てのアドバイスを、自分のサイズに合うか試着してみるのです。見たり聞いたりしたアドバイスが、自分に合っていると感じるなら、行動に移しましょう。もしそう感じないのであれば、手放せばいいのです。カードやサイキックが言ったからといって、それが真実とは限りません。なぜなら、何が真実かは、あなた自身がすでに知っているからです。許可証は、内なる叡智につながる方法の一つにすぎません。カードやカウンセラーなしでも、直接つながることができます。しかし、もし許可証が役立つのであれば、あくまでも自分のために使ってください。

勘に従って行動する

直観は私たちに、結果としてのギフトを受け取る**前に**、従うように求めてきます。自分の勘に従って行動すれば、ガイダンスを受け取るために必要な、内なる筋肉が鍛えられます。そして、内なる筋肉は、使えば使うほど、もっと使えるようになります。ガイダンスを行動に移すことは、ギフトある結果を生むための鍵なのです。

共有されるガイダンス

パートナーや、仕事に共に携わる人やグループに関連するガイダンスを求めているなら、共有できるガイダンスを求めると良いでしょう。それぞれの関心が一致していれば、通常はメンバー全員が活用できる、全員に有効な解決策があります。

私はもう何年もパートナーのディーと共に居ますが、その間、自分たちの関係性や家族、家、仕事に対して、影響を与えるような決断を数えきれないほど下してきました。それらの決断の中には、最初は気が滅入るように思えたり、解決策などないように思えたりしたものもありましたが、二人が共にガイダンスを求めようと調和すると、必ず同じ答えに行き着きました。時には違う意見をもち、エゴが絡み合い、何がベストなのかを議論することもありましたが、そんな時は少し退いて、気持ちを静め、祈り、耳を澄まし、ハートをオープンにして、「どうか私たち双方にとって、何がベストであるかを見せてください」と二人の意図を明確にしました。すると、満足のいく解決策にたどり着けたのです。皆が心を開いて認め合えば、双方に利益をもたらすものが必ず見つかります。

親密になる人たちは、同じ運命を互いに分かち合うことがよくあります。あるいは、少なくとも互いの運命が交差しています。スピリットは、共通の善に向かって全ての人を同時に導くのです。たとえ運命があなたに、相手とは異なる方向へ動くことを求めたとしても、そのプロセスは健全で、愛に満ちたギフトを生むものとなるでしょう。大切なのは、人生における事実ではなく、その人生をどんな思いで生きていくかです。二人以上の人が共通の善を求める意図を宣言すれば、その意図が誰に対しても、ポジティブな結果を見せてくれるでしょう。

直観は生きる術《すべ》

直観の導きを全てとして、人生を生きている人も居ます。成功者と呼ばれる人たちの多くは、自身の本能的な勘を頼って、重要な選択をしています。アマゾンの創立者であるジェフ・ベゾスは、「私の全ての最善の選択は、公私のどちらにおいても、ハートと直観、体験の味わいと勘などと共に行われていて、分析によるものではない」と言っています。つまりは、彼があれほど成功したのは、彼の知性だけによるものではなく、ハートに従う彼の意欲によるものだったということです。

今まで選択に悩み、行き詰まっている多くの人たちをコーチングしてきました。彼らは、どの人とデートしようか、どの車を買おうか、あるいはどんな仕事に就こうかなどと、ぐるぐる思いを巡らせ、行ったり来たりを繰り返して苦しみます。「選択するものによって、人生は左右される」とすれば、混乱するのは無理もないでしょう。なぜなら、物事に理由をつけようとしたその瞬間から、ひたすら混乱し続けるようになっていくのですから。

こんな当惑しきったクライアントに向かって、私は言います。「目を閉じてください。数回深呼吸をして。ハートに手を置いて。静けさの中に身を置いたら、深い内なる叡智に、自分に何をさせたがっているのかを聞いてみてください」と。すると、クライアントの眉間が緩むのがわかります。肩の力が抜けて、顔には笑みが広がります。時には涙がこぼれることもあります。彼らが自分本来の内なる叡智に接した瞬間です。思考が走り回る領域を通り抜け、魂の声に触れることができたのです。本当は全てを知っていたにもかかわらず、頭で答えを出そうとしたことで、魂の声が聴こえなかっただけです。首から上だけを使って生きるのをやめて、ハートに深く入っていくと、雲が晴れて行くべき道がクリアに広がります。

内なる叡智に従って行動を決める時、最初は信頼を試されつつ、ジャンプしなくてはいけないように感じるかもしれません。しかし、行動し続けることで善の証明を見せられれば、内なる声を信頼できるようになるはずです。そうなると、直観に従うことは特別なことではなく、ごく自然なことに思えるようになります。こうして、もって生まれたスキルを、あなたはまた取り戻していくのです。しばらくすると、自分にやってくるガイダンスを、とても信頼できるようになります。行動するにしても、信頼を試される気持ちにはもうならなくなるはずです。そして、自分自身を信頼した時に、全ては望み通りにうまくいくという証明が、変わらず示され続けます。

直観を理性で確認する

直観的な選択を、理性の光で照らすことを恐れないでください。情熱が強すぎて、理性が止められない時ももちろんあります（真に偉大な選択の多くは、理性的には見えないものです）。しかし、理性があなたの内なる声を確認してくれる時もあります。また反対に、最善とは呼べない選択をしようとするあなたを、理性が止めてくれる時もあるのです。

数年前、ある通販商品を扱う会社が、仲介業者を通してコンタクトしてきました。仲介業者は、この会社はもう何年も私の作品を見ていて、通販に最高に向いていると思っていると伝えてきました。彼らからの提案は、まず商品を制作する経費の十六万ドルを折半で負担した後、利益も平等に分けるというものでした。自分の投資分について、融資を受けることが可能かどうか調べてみると、できないことはないとわかりました。アンソニー・ロビンズがこの商法で大金を稼ぎ、有名になったことも知っていました。彼は今や莫大な富を得、世界で最も知られている自己啓発の教師です。すると今度は、商品化した後の私の取り分の試算表を見せられました。それによると、利益は数十万ドルに達するとのことでした。大きな富と名声のヴィジョンに、私は心を躍らせて、とても刺激を受けたのです。

しかし一方で、私の内側では、落ち着いた静かな声が納得してはいませんでした。「気をつけて」と私に言っていました。「必ずしも会社が約束した通りにはならないかもしれない」と。次にその会社は、成功事例の参考として、仲介業者を通じて、通販商品を売った三人の顧客の連絡先を渡してきました。私は、自分の今の興奮と目の前にぶらさがっている人参とのバランスを理性的に見極めるためにも、この顧客たちに連絡を取ってみようと思いました。それが賢いやり方に思えたからです。

三者との会話は、驚くべきものでした。三者のうちの二者は、このプロジェクトで大損をしていて、最後の一者の結果は、利も損もないトントンでした。会社から見せられた試算表は、現実的なものではなかったことがよくわかりました。この二者が大損で、一者が利も損もないというのが、この会社が示す成功事例であるならば、大きな投資などする理由はどこにもありません。ですので、丁寧にお断りをしました。そして、八万ドルの債務を負わずに済んだことと、不安を抱える必要がなくなったことに、改めて安堵したのでした。

ある日、このことを同じ仕事をしている仲間に話すと、彼女は笑ってこう言いました。「あなたは通販ビジネスタイプの人ではないと私は思うわよ、アラン」と。まさに、その通りです。私は自分がテレビさえあまり見ないことを思い出しました。ですから、そもそも先の提案は、私には合わないものだったのです。エゴは私を興奮させ、急き立てましたが、自分の選択を理性の光にかざしてみた時、進むべき道がクリアに照らされました。知性は、それ単体ではガイダンスの源ではありませんが、その働きは貴重な宝物です。

マインドとは、制限されたものです。そして、恐れと幻想によって頻繁に、真実から逸れてしまいます。宇宙は、あなたをたった一人置き去りにして、そんなマインドの力だけで、全てを何とかしなさいと言っているわけではありません。あなたには完璧な叡智との命綱があります。それはまるで、海に深く潜るダイバーが、見知らぬ海域に居ても酸素を受け取れるように、海上の船とチューブでつながっているようなものです。いうなれば、私たちも「歪められた現実」という海の中を泳いでいるようなものでしょう。その海は、偽りの信念や狂気によって、不安定で混濁に満ちた世界となっています。そんな私たちには、惑わされることなく真実を露わにしてくれるガイドが必要です。神は私たちに、その導きのギフトをためらうことなく与えてくれました。

全てを創造した神は、私たちが助けを求めれば、その時々に応じて、賢く導いてくれるでしょう。マインドは、家へ還る道を途中までは教えてくれるでしょう。しかし、魂はあなたを完全に導くのです。

未来を振り返る

『グッド・ウィッチ』は、映画もテレビシリーズも共に、楽しいエンターテイメント番組です。思いやりや恩寵、深い叡智からのギフトを与えることで、出会う人々の人生を変容させていくホリスティックなヒーラーの話が描かれています。その主人公のキャシー・ナイチンゲールは、究極のライフコーチでもあり、ネガティブな状況を捉え直しして見せることで、問題を抱える人たちへ慰めをもたらします。家族で楽しめて盛り上がれるものを探しているなら、このシリーズは掘り出し物です。

『グッド・ウィッチ』の映画と全テレビシリーズを見終えた後、ディーと私はもう一度最初から全てを見直してみようと決めました。今回は、何が起こるかも、どんな紆余曲折があるかもわかっています。キャシーが好感をもつ相手に出会って、二人が結婚し、彼らの結婚がどうなっていくかもわかっています。彼女の住む町で起こる政治的な陰謀が、どのように展開していくかもわかっています。新しい登場人物が、友人になるか、トラブルを起こすかも、すでに知っています。全部わかっていましたが、私たちは少し先が見える地点から、この番組をまた楽しむことができました。

同じように、サイキックも未来を知ることができます。なぜなら、彼らにとって、それはすでに起こっていることだからです。彼らはただシンプルに、すでにできあがった映画を語っているようなものです。サイキックな感覚によって伝えられるデータは、一線上の時間軸に生きる知的なマインドには理解し難いことでしょう。しかし、過去、現在、未来という時間の連なりは、高次の自己にとっては何の妨げにもなりません。時間に影響されることはないからです。魂のヴィジョンは、知性のそれをはるかに超えて上昇するのです。

過去起こったこと、今起こっていること、これから起こることは全て、神のマインドにおいては、すでにわかっています。アカシックレコードと呼ばれている、この宇宙の図書館にアクセスすれば、そこに蓄えられた全データへの閲覧の権利が得られます。私たちは皆、その場所へのアクセス権をもっていますが、中には、もっとそこに通じている人も居て、肉体で感じるより前に、何が起こるかを知ることができるのです。そういう人たちを私たちは、サイキック、透視能力者、預言者などと呼んでいます。しかし、実際は彼らも私たちと何ら違いはありません。皆が彼らと同じ能力をもっています。多くの人たちは、ただその機能の存在を信じようとせず、使おうともしないだけです。そうすると、その機能は退化していきます。そして、現実のほんの一部分しか見えなくなり、この世の中がとても窮屈な場所となるのです。一方で、肉体の感覚を超えて視る人たちは、よりクリアに見えるようになります。そして、人生とは既知の宇宙を超越する、素晴らしいものだと悟るのです。

あなたも本来は、サイキックが知っていることは、何でも知ることができます。神は、選ばれた少数の人にだけ、叡智を与えようとしてはいません。神に出し惜しみはありません。光り輝くその才能は、全ての魂が生まれもっている権利なのです。「求めなさい。さらば与えられん」とは、物質にだけ当てはまる言葉ではありません。叡智を求めれば、知る必要があることは、全て受け取ることができます。

知るための別の方法

私は自分のことをサイキックだとは考えていません。ですが、内なる教師から頻繁にガイダンスを受け取るので、直観はあると思っています。時折、どんな他の方法でも知り得ないはずの特定の情報を得るからです。

八歳の時に、父親が五週間後に亡くなってしまう夢を見ました。その情報は、恐ろしさを伴う感情的な体験というよりも、むしろより中庸な事実を知らされたという感じがしました。奇妙な夢だったので気にも留めずにいましたが、それから五週間後、父は心臓発作で亡くなりました。

それから何年も経って、ヨガのクラスの後に、数人の友人と学校の駐車場で話をしていた時のことです。私たちは輪廻転生について、ヨガ哲学を学んだばかりでした。ある一人の友人が私にどう思うか聞いてきたので、頭に浮かんだ名前を使って、こんなふうに答えました。「たとえば、『よし、ハロルドとシルヴィアと共にこの人生を過ごそう』と決めて、ここにやってきたみたいな感じかな」。すると、一人の女性がびっくりして答えました。「ハロルドは私の父の名前で、シルヴィアは姉の名前よ」と。その情報は、私が知るはずのないものでした。

ある夏、ニューヨーク州の北部にある自然いっぱいの農場で働いていた時のことです。ダンプトラックで、小さな町を通り抜けようとしていました。ある集落に近づいた時、こんな声がクリアに響いてきました。「スピードを落としなさい。子どもがトラックの前に飛び出してこようとしている」と。あまりに断固とした声だったので、私は真剣に受け入れ、速度を大幅に落としました。すると、声が示した通りに、道路わきの家の芝生で遊んでいた、二人の小さな子どもが道路に飛び出してきました。幸いなことに、とてもゆっくりと走っていたので、事故になる前に車を止めることができました。そして心から、その大切なガイダンスに感謝したのです。

これらの体験は、思考では理解できないところにも、未来や物事の情報を知る方法が存在することを証明しています。私たちは、神の知ることは全て知っています。なぜなら、私たちの高次のマインドは、神のマインドそのものだからです。しかし、ほとんどの人は、この叡智にアクセスしません。なぜなら、幼い頃から、肉体的な感覚から伝わることのみを信頼しなさいと訓練されてきたからです。なので私たちは、ただ肉体を通して理解できることだけを知ってきました。しかし、それはスピリットが知っていることに比べれば、はるかに、はるかに狭い領域です。私たちが本来もつ、神聖なアイデンティティは、肉体の限界とは相反するものなのです。

高次の自己は、「知る必要あり」を基本にして、あなたに特定の情報を与えます。助けを求めさえすれば、自分や他人の助けになる物質や情報などについて、過不足なく的確に伝えてくれるでしょう。だからといって、宝くじの数字や投資すべき株について知りたいという要求は、お勧めしません。ですが、もしあなたを真に助けることであれば、それも自然とあなたのもとにやってきます。それでも来ない場合には、ただ要求の仕方の問題で、そのプロセスが何かに妨害されているのかもしれません。アファメーションを使えば、もっとうまくできるはずです。たとえば、こんなふうに。「私は豊かな宇宙に生きる、豊かな存在です。創造主は、賢く役立つやり方を通して、私に必要なものを、もっと供給してくれます」

アファメーションを唱えたら、豊かで満ち足りた人生を生きるために、必要な情報や物質は全て手に入るのだと信頼し、リラックスしましょう。

運命と自由意志が出会うところ

未来がすでに決まっているとしたら、私たちに自由意志はないのでしょうか。もしそれがないのであれば、なぜいつも選択に悩むのでしょう。人間の体験において、選択をしないということはありません。朝起きた瞬間から、何を着ようか、朝ご飯は何を食べようか、携帯に来たメールに何と返そうか、私たちは決めなくてはなりません。シャツが勝手にあなたの体に飛んでくることもなければ、シリアルがお皿に勝手に注がれることもなく、Siri が勝手にメールに返事をすることもありません。その選択が、たとえ幻想だとしても、選択はしなくてはならないのです。

選択をすることは、運命の一要素を成し、その方向へとあなたを押し出します。この地球での道のりが、あなたの神聖なる旅路に優雅にぴったりと合っているのだと信頼しつつ、最善を尽くして日々の選択をしましょう。ただその日のドレスを選んだようでも、もっと深いレベルにおいて、人生の道のりを設定したのかもしれません。あなたの内側の最も賢い部分が、あなたの人生の道を決めているのです。

外側にあるものや周囲の力が、あなたの運命をコントロールすることなどできません。占星術、数秘術も遺伝も、あなたの人生を決定づけることはできません。それらにできるのは、せいぜい選択のより深い意味をあなたに見せることで、意識的に選択する機会を与えることぐらいでしょう。霊的な成長をするための道具として、占星術や数秘術のようなものを使うのであれば、役に立つでしょう。しかし、もしそれらに自分の人生を仕切らせてしまうならば、重要なポイントをむしろ見逃してしまいます。たとえば、水星の逆行は、あなたの生きる喜びと成功が拡大していくのを、遮っているわけではありません。ただ、自分で自分を遮っているだけです。因果関係を作り上げるのはやめましょう。真の因果関係を知っているのは、魂だけです。

運命と自由意志の関係は、「どちらでもない」や「でなければこっち」ではありません。「それぞれ」あるいは「どちらも」です。「これ、でなければあれ」ではありません。「これとあれ」です。どちらも同時に動いています。時として、知性も神聖な計画に気づくことがありますが、このことは知性で理解しようとしないでください。『奇跡のコース』は私たちに、神の前で謙虚でありながら、内なる自分においてはパワフルであるように求めています。私たちは、地球を歩きながら、同時に天国に住まう家ももっているのです。霊的に成長していくために、私たちは二つの次元を対立させることなく、二つの次元で生きるように導かれているのです。

運命に従うも従わないも、あなたの自由です。もっと具体的に言えば、今従おうが後から従おうが自由です。急行列車で目指しても、各駅停車の列車で目指しても良いのです。『奇跡のコース』はまた、「自由とは、自分でカリキュラムを組めるという意味ではありません。与えられた時間で、得たいものを選ぶことができるだけです」と言っています。

運命と自由意志は、人それぞれの内なる王国の中では、どちらもリアルであり、影響力のあるものです。ですから、ただあなたは最善と思える選択をしましょう。そして、いったん選択したら、運命がきっと、魂が喜ぶような最善の場所へと導いてくれると信頼するのです。

山頂からの眺め

時として、まだ起こっていないことを、あたかも起こったかのように感じることがあるかもしれません。まるで、にじみ出ている未来を垣間見るような感覚です。なぜなら、それは**起こったこと**だからであり、その瞬間、未来を振り返っているからです。この体験は、デジャヴと呼ばれています。このような体験をした時には、少し落ち着かない気持ちになるかもしれません。なぜなら、その瞬間、自分の固定されたアイデンティティの枠を、時空を超えて抜け出し、より高い視座に移動させられるからです。というのは、魂はすでにより高次の場所に居て、あなたの成長や運命に関連する全ての出来事を見渡し、知っているからです。ですが、高い視座への移動は、魂が見ていたものを、あなたも見て知った瞬間というだけではありません。むしろ、あなたがその魂そのものになった瞬間です。

デジャヴを体験している時、ほんの束の間ですが、小さな自己は置いていかれます。しかし、いつも窮屈な思いを強いられている限界の世界から、あなたを引き離して自由にしてくれるのですから、これはむしろ健全な体験だと言えるでしょう。

自分のアイデンティティを、エゴや人格だけに置いていれば、疲労困憊し、イライラして、おそらくは病気になってしまうかもしれません。人生はつまらない重労働を強いられる場になり、混乱し、欲しいものがわからなくなり、疲れた子どものように怒りっぽくなってしまうでしょう。だからこそ、より高い場所から眺める瞬間は、癒しになり、リフレッシュさせてくれるのです。

ダイバーも酸素を求めるように、幻想の世界には息切れするまで潜ってはいられないのです。

魂は気づきを求めて、どんな時も広がり続け、高揚し続けています。様々なスピリチュアルな実践をしていけば、その気づきを得ることができます。しかし一方で、恩寵から気づきがもたらされることもあります。神はきっと、「私の子どもは疲れてきている。ならば、彼らにより大きなヴィジョンと、それをもち続ける理由を与えよう」と言うでしょう。そして、その恩寵によって、次のオアシスまで旅路を歩き続ける力を、再度手に入れるのです。

いかなる時も家にずっと

人間としての運命の裏にはいつも、神聖な目的のための運命があります。スピリチュアルな旅路では、人生での全ての選択や尽力が浮き彫りにされます。ですが結果的に、どんな結婚のパートナーや家、仕事に落ち着こうと、それらは二次的なことです。運命において大切なことは、この幻想の世界を脱して、実在する真の家に還ることだけです。この進化のプロセスは、決して拒むことができません。実在の家以外に、あなたが他に落ち着くところはないのです。なぜなら、そこは、あらゆる確かなものやギフトが生まれる場所だからです。そこまでの旅路の長さや克服すべき困難の多さは、あなた次第です。あなたには、ありとあらゆる選択の自由がありますすが、自分の神聖な本質を絶やす自由だけはゆるされていません。だからこそ結局は、この世界に疲れた時、自分が欲しいものは平和なのだと気づきます。旅の全てが無駄だったと思い、疲れ切った時、あなたはまた、力強く輝く聖なるワンネスの光のもと、始まりの場所に立ちます。そして、起こることは全て、もうすでに起こっていたことだと気がつくでしょう。あなたが歩いてきたと思っていた道のりは、実はもう最初から完結していたと。どこにも行っていないのだから、行くべきところはどこもないのだと。そうやって幻想が消えてなくなる時に、実はどんな時もずっと家に居たのだと気づくのです。

魂を「取り戻す」

子どもの頃、夜、寝床に入ると、隣人のポールが酒に酔って、彼の妻とひどい口論をしているのが聞こえてきたものでした。彼は定職に就くことができず、刑務所を出たり入ったりしていました。しかし、酔っていない時の彼は、実はとてもいい人だったのです。私にも優しくて、一緒にキャッチボールをして遊んでくれました。善良なハートをもつ人でしたが、一方で彼の人生はめちゃくちゃでした。私の母はそんな彼のことを、「ポールは魂を失くしてしまったのね」と言っていました。

「魂を失ってしまった」と感じたことはありますか。そもそも、魂を失うことなどあるのでしょうか。もしあるなら、それを取り戻すことはできるのでしょうか。あるいは、失われた魂はどこに行くのでしょう。追いやられ、荒涼とした砂漠を永遠に彷徨うのでしょうか。

シャーマンの伝統の中には、「魂を取り戻す」と呼ばれるワークがあります。ある儀式によって、忘我の領域に行ってしまった魂を肉体へと取り戻すのです。もちろん、このプロセスはスピリチュアル的なものであり、文字通りのものではありません。魂はあなたの中の最もリアルな一部ですから、それを失うことなどできません。魂はあなたそのものです。故に、あなたは自分自身を、決して失うことはできません。自分自身とのつながりを失うことはあっても、自分以外のものになることはできないのです。魂はどこかに行ってしまうことなどないのですから、それを取り戻すこともできません。魂はすぐここに在ります。今までもずっとここに在り、これからもずっとここに在るでしょう。何かを取り戻さなくてはと思うのなら、取り戻すべきは、「自分は魂と共に、今もこれからも永遠にここに在るのだ」という気づきです。マインドや人格は失われることはあります。しかし、魂は決して失われないのです。

また、先のワークとは別に、「魂を認識する」というスピリチュアルなトレーニングもあります。こちらの言い方のほうが、「魂を取り戻す」というより、より真実に近いかもしれません。魂の存在を意識し直すことで、また自分の魂につながるのです。痛みに悩まされ、地球で迷子になっていたアイデンティティを、表面上はどう見えようと、神に属している神聖な存在へと変化させるのです。あなたのスピリットは、外見をはるかに超えたところで生きています。真実のあなたは、永遠に完璧なのです。

魂を悪魔に売った人を描いたドラマは、数えきれないほどあります。悪魔、あるいは恐れの思考に自分の魂を明け渡した挙げ句、悪意ある意図に操られた行動をするようになるというようなドラマです。ですが、実際は、あなたの魂は神に帰属しているのですから、悪魔が所有することはできません。神が創造したものは、傷つくこともなく、絶対的です。悪魔があなたの魂をしばらくの間利用したとしても、ある時点まで来たら、あなたは魂を取り戻すでしょう。大切なのは、その分岐点となるのが、悪魔の選択ではないことです。それは、あなた自身の選択です。思考と意図を高次の力へと向けた瞬間に、高次の力が悪魔に取って代わります。そしてあなたの魂は、生来の神性を回復するのです。

耐えられないほどの非人間的な体験をして、とても深くて暗い闇に沈んだ人でも、方向転換を輝かしく成し遂げ、光のために雄弁に語るようになる場合があります。スター・デーリーは、二十歳までに、銀行強盗などの多くの罪を重ね、犯罪者中の犯罪者になりました。その結果、かなり長い獄中生活を送ることになりました。刑務所でも喧嘩や暴動を起こし、挙句の果てに独房に閉じ込められました。その恐ろしい独房の中では、彼は半日、両手を頭の上の鉄棒に括りつけられ、夜は固いコンクリートの上で寝ました。看守がパンと水を運んできても、それを彼らの顔に投げ返し続け、ついに、栄養失調で倒れた、その時のことです。彼は、イエス・キリストのヴィジョンを見たのでした。イエスは彼の前に立ち、静かに無償の愛の光を放ち続けました。その瞬間に、デーリーは莫大な邪悪なエネルギーが、体から抜けていくのを感じました。そして、その体験の後、彼は全くの別人になったのです。聖書を学び、感動的な本を二冊書きました。その本のタイトルは、『解放』と『愛は牢獄の扉を開く』です。完全な愛を知り、失われた魂が本来在るべき姿に変容を遂げた、聖なる瞬間の事実を見てください。

魂抜きの人生

トップ記事に載るような悪事はたくさんありますが、もっと多くの人たちに秘密裏に感染し続け、はびこっている病気があります。それは、「魂抜きの人生」病です。自分の魂とのつながりを失い、恐れやエゴ、方向違いの意図からの行動を繰り返していると、私たちは空っぽの貝殻のようになります。息をするために必要なことだけ繰り返しつつ、幸せそうにも見せているかもしれません。ですが、その表現は厚い紙で覆われています。あたかも正しいことを言っているようでいても、はりついた笑顔で上司にお世辞を言って、ペラペラと流行りの言葉を使って話すのです。しかし、そこに落ち着ける場所はどこにもなく、流れ作業のような日々を送るのです。前にラジオのコメンテイターがうまいことを言っていました。「皆、苦しんでいる。でも一方で、自分以外の者のふりをするのが、だんだんうまくなっている者もいる」と。

宇宙には完全なる思いやりがあります。そして神は、自分の子どもは誰一人として、家から遠く迷子にはさせたくないと思っています。ですから宇宙は、私たちに注意を払い、魂を今一度手にするようにと、人生の方向性を修正してきます。このプロセスは、ソフトに優しく進む場合もあります。たとえば、本を読んだり、セミナーに参加したり、また友人があなたに正直な気持ちを伝えたりして、助けられることで気づきを得るのです。あるいは「あなた自身に面と向かって」くるような、厳しいプロセスかもしれません。たとえば、最悪の健康状態を迎えたり、離婚や急な収入の減少を体験したりするようなことです。人生はあなたの注意を引くためには、何でもします。しかし、たとえその人生からの目覚まし時計の音が、微かであろうが大きく鳴り響こうが、神があなたを見捨てていないことに感謝をしてください。その偉大さと貴重さ故に、魂を長い間放っておくことはできないのです。

答えは思っているより近くに

多くの人から「自分の魂を取り戻すにはどうすればいいの?」「情熱が宿るような目標をどうやって見つければいいの?」と聞かれます。

そんな時、私はこう聞き返します。「もしまとまった期間、一週間、一日でも好きなようにしていい休暇がとれて、義務もなく、喜びを感じるものを何でもできるとしたら、あなたは何をしますか？」

少し考えた後、たとえば彼らはこう答えます。「海岸を散歩して、ギターを弾いて、笑える映画を見ます」

「では、それらが、あなたにとって魂を取り戻すための鍵ですね」と私は答えるのです。

人生に広く通じる情熱を見つけるためには、自分に今まで許可してこなかった小さな喜びを、まずは行動に移すことが大切です。海岸での散歩やギター、笑える映画は重要には思えないかもしれませんが、それらは本来の自分と、あなたを結びつけてくれます。生命力の流れに浸り、流れに沿って生きれば生きるほど、より強い活力にアクセスできます。だからといって、人生が急降下したと思う時にまで、魂を一気に回復させようとする必要はありません。宇宙がその体験をあなたに与えるのであれば、その場でまずは体験してください。小さな歩幅であっても、正しい方向へと少しずつ進んでいけば、意味のある、確固たる前進を創り出せるでしょう。

どんなことでも、あなたが活き活きと感じられるのであれば、魂にとっては良い活動です。どんなものでも、あなたの生命力を弱めるのであれば、魂にとっては悩みの種になります。自分に生命力をもたらすことをしましょう。生命力を絶やすことをするのはやめましょう。この最後の二文は、最も短く、かつ最高の訓示です。

「どんなに大きいのか忘れていたよ！」

『ジョー、満月の島へ行く』という、魂を取り戻す体験を描いた映画の中に、感動的なワンシーンがあります。映画の中で、余命宣告を受けた（実はそれは嘘だったのですが）主人公のジョーは、海を渡って南の島へ行こうとします。そこで彼は、空腹な火山の神への生贄《いけにえ》となるつもりでした。ところが、途中で嵐に遭い、彼の乗った船は沈み、気がついた時には、だだっ広い海の真ん中で、自分のスーツケースでこしらえた筏《いかだ》に乗って漂っていました。ある夜、天から降ってくる何十万の星の光に満ちた空に、大きな満月が上がります。ジョーはそれを見て、畏敬の念と共に、起き上がり、両手を広げて、涙ながらに叫ぶのです。「どんなに大きいのか忘れていたよ！　……。僕の人生よ、ありがとう！」と。

ジョーのように、私たちの多くは、人生がどんなに大きいか、自分がどんなに深く愛されているかを忘れてしまっています。自分の源や真のアイデンティティ、そして運命を忘れてしまっています。しかし、忘れることはあっても、消去されたわけではないのです。自分の生きる目的に関する記憶は、私たちが自らすすんで目覚め、手に取るまで、私たちへの信頼と共に待ち続けているのです。そして、「その日」は必ず、私たち全員にやってきます。目の前にある、魂のための瞬間に気づき、その思いと共に踏み出せば、「その日」を早めることができるでしょう。

あなた自身がカメラ

夕暮れ時に、地方のホテルのビーチを散歩していると、ある面白い現象を見ることができます。まさに太陽が水平線にキスをしようとするその時、ビーチに居る旅行者ほぼ全員が、さっと携帯を取り出して、それを写真に収めようとするのです。しかし、ほんの一握りですが、静かに座って、瞑想し、この素晴らしい風景を自分のハートに収めようとする人たちも居ます。

日没は、魂の滋養のための瞬間です。天と地の間のヴェールがその瞬間に上がり、忙しさや取り散らかった一日から離れ、平和な気持ちを楽しむ時なのです。しかし、私たちは自分の魂ではなく、カメラでそれを手に入れようとします。「これを写真に収められたら、体験したことになる」と私たちは信じています。しかし、必ずしもそうではありません。カメラに記録することはできても、自分の体験に落とし込んではいないのです。日没を撮影する人たちは、日没を味わうのではなく、「日没写真を撮る」という体験をしているだけです。家に帰った後、その写真をもう一度見る人はそんなに多くはないでしょう。彼らの最も鮮やかなはずの瞬間は、カメラに任されるだけで、ハートには届いてはいません。

テクノロジーは私たちの生活を向上させ続けるかもしれませんが、私たち自身に取って替わることはできません。テクノロジーの進化によって、自分の体験を、パソコンの画面上のイメージに移してしまっている人も居ます。ですが、それは時々、シンボルと本物（そのシンボルが表しているもの）を取り違えるような結果を生んでいます。

ある日、友人とハイキングをしていた時に、野生のペパーミントの群生地に来ました。「うわー。これはまさに私の大好きなガムの香りだわ」と彼女が言いました。事実としては、ペパーミントのような香りがするのは、ガムのほうです。どんなに多くの化学物質を使って、ガムの製造者が香りを再現したとしても、本物のペパーミントのように、純粋に魂を刺激する香りにはなりません。マインドによって自然が反転されてしまったのです。私たちは、自然の中で日光浴をするよりもむしろ、自然を撮った写真を見つめ、本物からの感覚に浸るのではなく、その香りを思い起こさせるガムを、噛むようになるかもしれません。

魂を刺激することなどない、人工的なものに魅了されるようになれば、真の魂の瞬間を感じる力は失われていきます。テレビでボートレースを観るのは、水上でボートに乗る体験と同じではありません。映画の中のセックスシーンに没頭するのは、実際にセックスすることとは違います。社会の変化に前向きな影響を与えるような、政治家候補の記事を読むことは、実際にローカルな青少年センターのオフィスを運営したり、ボランティアで働いたりすることとは違うのです。マインドで想定された体験が情熱を刺激することはありますが、その情熱は、私たちが実際にその体験を生きるまで力を発揮できません。

農場のオーナーが牛の鼻輪を引っ張るように、この世にまん延したテクノロジーも、私たちを引っ張りまわしますが、それでも私たちの一部は、よりシンプルで無邪気な人生を楽しむことに焦がれています。スティーブ・ジョブズは、音楽の買い方や聴き方を根底から変えたデジタル革命の立役者ですが、彼自身は家では夜にレコードで音楽を聴いていたそうです。彼が世界に紹介していた、冷たくて人間味のないデジタルサウンドよりも、古いレコーディングから生まれる、温かでナチュラルなサウンドを好んでいたのです。世界をハンディな画面へと移し替えることに、大きな責任を担っていた彼もまた、そこから離れて一息つきたいと思っていたのです。

無邪気な体験に焦がれるなら、それはハートがあなたを自分の源へと導いているからです。神はあなたの魂に、真の音楽や麗しい日没、味わい深いセックス、その他この上なく素晴らしい体験によって力を与えたいと思っています。ですが、これらのギフトも、受け取る許可を自分に出さない限り、あなたには届けられません。カメラは、あなた自身なのです。神はあなたを通して創造物を映し出します。あなたが、レコードです。とても温かな音楽を奏でます。あなたの魂は、最も重要な記憶が収められている宝庫です。魂を取り戻すために、自分に与えられたギフトを、自由に、目一杯、そして永遠に受け取り続けましょう。

あなたの魂がどんなに歪められ、丸められ、あるいはへこまされたとしても、あなたが魂からどんなに遠く離れて彷徨っていたとしても、離れた時よりも、はるかに短い時間と、少ない努力で、魂を今一度手にすることができます。一度はしおれた植物でも、水を与え、日々ケアをしてあげれば、また復活します。魂を取り戻すということは、必死で取り戻しさえすれば、ずっと持ち続けられるというような一回きりのことではありません。あなたの魂は、日々のケアと滋養を必要とするのです。次の章では、それをどのようにやっていくかを見ていきます。しかし、今の時点では、ただそうすれば、活性化した魂と共に生きていけるのだと覚えておきましょう。これはあなたにとっての、そして全ての人にとっての希望です。

人間関係や仕事や家を失うことはありますが、魂を失うわけにはいきません。というよりも、真に失うことなどできません。魂を今一度手にする準備ができた時、宇宙がその大切な目標を達成するために必要なこと全てを、あなたへと送ってくれるでしょう。あなたにその魂を与えた神と同一の神が、今度は魂から生きる方法を与えてくれるのです。あなたが魂にいくら妥協できるとしても、魂はあなたに妥協しません。真の自分を失えるのは、夢の中でだけです。目覚めれば、夢が何を主張しても、自分は黄金の本質をもっていたのだと悟るでしょう。神はすでにあなたの内側に、自分の完全性を染み入らせています。それは、洗い流すことも壊すこともできません。生命は、ただ生命で在り続けます。あなたの本質が生命であるかぎり、あなたを通して、創造が息吹くのです。

祝いの席に座って

才能豊かな歌手、カレン・カーペンターの天使のような歌声には、世界中の人が感動し、魅了されました。ですが悲しいことに、彼女は摂食障害によって、若くして亡くなりました。このような病に代表されるような肉体的な飢えは、そのまま、魂の飢えを示しています。食べ物を受け取ることに抵抗をもつ人は、愛を受け取ることにも同じく抵抗をもつのです。摂食障害をもつ多くの女性をケアし、癒している女性を私は知っていますが、彼女は女性たちを自宅に招き入れ、彼女たちがどんなに大切で愛すべき存在であるかを、ずっと肯定し続けます。

私たちは皆、自分のスピリットに充分な栄養を与えられないという、摂食障害に苦しんでいるようなものです。毎日時間を作り、様々な方法を通じて自己に滋養を与えましょう。現に、私たちは日に何度か食事をします。また、音楽やドラマ、詩を通じて、感情も刺激を受けるでしょうし、読書や学びのコースを受けたり、物理的な問題を解決することを通して、知性も鍛えられているでしょう。しかし、魂への滋養のためには、一体どの程度の時間を費やしていますか?

短い間であれば、食事を摂らなくても、肉体としては生きながらえます。しかし、スピリットへの栄養補給がなければ、生きるエネルギーは徐々に減っていくでしょう。魂の飢えを外側の世界にある物質で満たそうとすると、それはただイライラを募らせるだけになります。今まで愛に代わるものをたくさん試してきましたが、まだ飢えた気持ちを満たせるものは、愛以外に見つかってはいません。心理的な痛みを和らげたいがために所有物を増やしても、その中に答えは見つけられません。人間関係やセックス、お金やドラッグにも答えはなく、自分の王国を築いても、気持ちをあちこちに巡らせても、ノイローゼを正しても、見つけられないでしょう。なぜなら、答えはもっと、魂に関係しているからです。

それがどんなことであっても、魂への投資であるなら、人生に最も価値ある見返りをもたらします。株式や不動産、貴金属に投資する人もいるでしょう。しかし、「内なる自分」株に投資するなら、その市場は決して破綻することがありません。魂の不動産は、この世のどんな不動産よりもリアルです。あなたのスピリットがもつ本質は、どんな金属よりも貴重です。全てのこの世での投資は、自分自身を讃えることに比べたら、道を譲って後ろに下がらざるを得ません。

キリストは、天国という王国を、祝いの席にたとえました。「来なさい。全ての物は、すでにもう準備ができているのだから」と。天国とは、死んでから行く場所を意味しているのではありません。むしろ、生きている間の、あなたの喜びの体験のことです。たくさんのギフトが、ドアの前にすでに置かれています。それを受け取るためには、行ったり来たりと走り回り、あちこちに気を散らして、終わりなく探し回るのをやめなくてはなりません。探しているものは、すでに私たちの手の中にあります。なりたい自分は、すでにあなたそのものです。人生の分岐点は、私たちが外側に手を伸ばすのをやめて、内側を見始める時にやってきます。

神は魂の飢えを喜ぶことはない

伝統的な宗教やスピリチュアルな教えの中には、自分の幸せを否定することで、神を喜ばせることができると謳っているものがあります。「苦しむほど、あなたは天国に近づけます」というわけです。しかし、真実は違います。地獄への道は、天国には通じていません。苦しみがもつ唯一の目的は、あなたを今とは別の道へと導くためのみです。ですから、幸せをもたらすメニューの中に、魂を飢えさせることは書かれていません。反対に、魂により活力を与えることは全て、あなたの運命を生きるための鍵となります。もちろん、限度を超えた享楽が、自分を傷つけるのは確かです。ですが、スパルタ的な厳しさもまた、魂を衰弱させ、自分を傷つけることになります。仏陀は贅沢な暮らしと、厳しい自己否定の両極端を体験し、苦しみに対する答えは、どちらにもないと悟りました。そして、彼は弟子たちに、中庸の道に従うようにと説いたのです。

「自分を苦しませているのは神であり、それが神の意志だ」という偽りの信念を、自分が握りしめていることに気づいたら、逆に、「神は私に幸せになってもらいたいのだ」と自分自身に言って、その信念を弱めるようにしましょう。「私が幸せになればなるほど、神は喜んでくれるのだ」と。私たち全員のマインドとハートが、神の真の意志に向かえば、その同一の神が私たちに知ってほしいと創造した、平和を体験するでしょう。

あなた次第

魂に滋養を与えるには、あなた自身が主導権を握り、与え続けなければなりません。突然、救い主がマントを翻し、窓から飛び込んできてパソコンの電源を落とし、あなたをお気に入りのレストランでの、友だちとのディナーに引きずっていくこともなければ、あなたのためにマッサージの予約を入れたり、休暇をハワイで過ごすようにアレンジしてくれるわけでもありません。あなたを愛する人たちは、あなたに魂の安らぐ何かをするようにと勧めはするでしょうが、それをするかしないかはあなた次第であり、彼らがお膳立てしてくれることはありません。恐れや社会的な慣習やしきたりに踊らされるのではなく、自分のスピリットを大切にするようになると、あなたの魂にも活力が出てくるでしょう。

私たちにはそれぞれ、人生において、自分の幸せに責任をもち、それを手にしなければならない瞬間があるのです。神は助けてくれますが、私たちも自分の役割を果たさなくてはなりません。まだ体験したことがない平和への扉を開けて、自分により優しくできる機会はたくさんあります。ほとんどの人たちは働きすぎていて、自分に対して必要のない負荷をかけ、本当に欲しいものを問いかけることさえ躊躇しています。心から恋焦がれているものへの招待状を受け取らずに、代わりに将来への不安を募らせています。他者には寛容なのに、自分自身にはそうできないでいます。しかし一方で、招待状を受け取ることに長けている人も居て、彼らは欲しいものを求め、やってきたギフトにも「はい！」と言って、手を広げるのです。全ては与えられますが、あなたが手にできるのは、自らすすんで受け取る部分だけなのです。

選択の時は、後ろめたさや恐れも感じますが、むしろ喜びに従っていく練習のための、絶好の機会です。目の前に選択肢が置かれたら、一つひとつ試着してみて、どれが自分の魂に一番ぴったりかを見つけましょう。幸せが住まうところに、正直になってください。そして、魂に滋養を与える選択をして、行動しましょう。行動するにつれて、大きな安堵を感じるようになり、人との関係性も深まり、成功を引き寄せるでしょう。人生はすでに、私たちの思い通りに整えられています。ただ、その人生に沿って整える必要があるのは、私たちのほうなのです。

幸せでいることを、後ろめたく思わないで

自分の大好きなことをしていることを、後ろめたく思う人たちも居ます。彼らは、自分が犠牲になるべき時に、ズルく避けていると思い込んでいたり、自分が喜びをもった分だけ、他者の善から奪っていると信じています。しかし、幸せとは、量が決まっているパイを切り分けて、自分が取れば他者の取り分がその分減る、というものではありません。幸せとは、あなたの魂から放たれるエネルギーであり、他者の魂を刺激して仲間に引き入れていくものです。ですから、幸せであることを、後ろめたく思う必要はありません。それどころか、あなたの幸せは世界へのギフトです。自分の光を自分で否定すれば、何も得られないどころか、他者にも何も与えられません。あなたが輝けば、魂の目的を果たしていけるのです。

罪は神が創造したものではありません。そして、罪からは何も生まれません。罪はエゴから生まれたものであり、エゴは喜びの住まう場所を否定し、喜びのないところに喜びを探し出そうとするものです。何かを後ろめたいと思う時は、神の意志から離れてしまっています。神はジャッ

ジをせず、罪を見ることもないので、罰することもありません。これらは全て、私たちが勝手に神を思い込み、投影して作り上げた、歪んだ考え方です。罪を償うには苦しむ必要があると私たちは信じていますが、神はただただ私たちを愛し、私たちが愛の家に還ってくることを、辛抱強く待っています。魂が平穏に満たされている時が、神が最も喜ぶ時です。ですから、喜びを感じることを後ろめたく思うのは、とても矛盾しています。ありのままの自分で、神があなたにして欲しいことをしているというのに、あなたはなぜ謝るのでしょうか。

ディーと私が、家を売りに出した時のことです。不動産仲介業者が入ってきて、一番にやったことは、買い手に家中の電気を点けて、(物件を)見せることでした。買い手とは、薄暗いよりも、明るく照らされた家に惹かれるものです。この家の売却の例は、製品やサービスを売ったり、健全な人間関係を築いたり、世界に自分の表現を見せることを象徴しています。あなたの光が点いていれば、人々はあなたと共に居て、サポートしたがるのです。罪の意識や申し訳ない気持ちは、あなたの魂という光にシェードをかぶせるようなものです。喜びや自己信頼、自分の才能を表現していくことが、あなたの本質にある光を輝かせます。キリストはこう言っています。「あなたはこの世の中の光です。あなたの光にバスケットをかぶせないでください」と。バスケットに覆われた光にならないでください。光そのもので居てください。

再生

この地球で人生を生きていると、私たちは皆、魂を消耗していきます。この世で生きながらも、疲れを知らない人は、稀にしか居ないでしょう。だからこそ、私たちは定期的に、自分の魂を回復させる必要があるのです。出生時に魂の輝きを得るだけではなく、人生を通して魂は輝き続けるものです。そのためには、私たち自身が輝かせ続けようとしなければなりません。湖にも水の出入り口が必要です。水がどんどん流れても、補給されなければ湖は干上がってしまうでしょう。同じように、あなたも自分を再生させ続けなければ、退化していくでしょう。表現し続けなければ、ふさぎ込むようになるでしょう。あなたのエネルギーの内なる流れは、外へと流れ出す量に等しいか、あるいはそれを超えなくてはなりません。魂の滋養による再生は、特に贅沢なものではありません。必要なものなのです。

魂の滋養は、神秘的でもなく、宇宙規模の大げさなものでもありません。ただ、自分を幸せにすることをすればいいだけなのです。たとえば、森をゆっくり歩いたり、鳥の声を聴き、好きなバンドのコンサートに行ったり、ふと思いついて、車の後部座席に寝袋だけを投げ入れて出かけたり、別の州に住む親友を訪ねたり、いつもより長めのマッサージを受けたり、新しい洋服を買ったり、水彩画を描いたり、お気に入りの作家の講演を聴いたり……。それをやった後に気分を良くしてくれることなら何でも、あなたの時間とエネルギーを投資する価値があります。

では、ここからは、魂を再生させるための方法を、いくつかご紹介しましょう。

深く、よく眠る

良質の睡眠は、日中、内なる平和を少しずつ削り取っている、絶え間ない思考のおしゃべりから、マインドを引き離してくれます。モンキーマインドから引き離し、魂をリフレッシュさせ、あなたを再生します。肉体は、機会さえ与えられれば、自らの癒し方をはっきりと知っているものなのです。

瞑想、祈りやスピリチュアルな活動をする

瞑想や祈り、スピリチュアルな活動を行うことで、神聖なる存在と調和し、自分を満たす癒しや恵みを受けることができ、またそれらを、他者を助けるために世界へと手渡すことができます。

創造性のある活動を行う

音楽やダンス、芸術、執筆などの活動は、高次の力へと通じる道を開き、その力を露わにします。自分自身が偉大なアイデアや芸術のための道具となる時、ポジティブなエネルギーの受け手

となり、あなたを通して、そのエネルギーは流れ出るでしょう。創作活動は、神の声があなたを通して語られている時間です。

定期的にリフレッシュする休憩をとる

仕事やルーティンからリセットするために、定期的にリフレッシュできる休憩をとるようにすれば、一日を通してエネルギーを持続させることができます。十五分ごとの休憩は、あなたの充電となり、休憩後の効率も上がります。

運動する

運動は、あなたの肉体を通して生命力を押し出し、溢れ出たその生命力がスピリットへと届きます。ヨガや武術、筋トレ、ウォーキング、ジョギング、水泳などのスポーツは、あなたを思考から離して、体験へと導きます。

自然に浸る

自然に浸ることで、あなた本来の、無邪気で純粋な波動へと高められます。自然界は、人間界のほとんどの出来事や、密集した都会における周波数よりも、ずっと高い周波数で動いています。森の中を歩き、天然の水に浸り、草に寝ころび、肌に太陽光の温かさを感じれば、自分の魂の波動に再び調和できます。

●思うままに好きなことをする

マッサージやアロマ風呂、岩盤浴、サウナやスパなどのトリートメントを、思うまま好きなように受けることは、堕落でもなければ自己耽溺でもありません。そこで得たものはあなたをリラックスさせ、マインドをクリアにし、他者に役立つための直感やエネルギーを与えます。

●趣味でリラックスする

読書や木工細工をしたり、花を生けたり、絵を描いたり、ゴルフをしたり、気持ちが高まる映画を観たりすること、また、個人的に情熱を感じるなら、どんな趣味も、あなたの魂を呼吸させてくれます。

●自分が価値を置く人たちとつながる

愛を感じられて、一人ではないと思い出させてくれるような人たち、あなたのハートを開いてくれるような人たちとつながりましょう。大切な人たちと親しく時間を分かち合うことで、自分が承認されていると感じられれば、安心し、満たされます。

優しさをもち、奉仕する

優しさとその奉仕が、あなたをエゴ中心の思考から引き離し、ハートを開いてくれるでしょう。誰かを助けながら、同時に気分が落ち込むことはあり得ません。

聖書の詩篇二十三篇を耳にしたり、唱えたりしたことがあるかもしれません。しかし、この詩篇に、魂の再生のイメージを、潜在意識に染み込ませる効果があることは、知っていましたか。優しい羊飼いに守られて緑の牧草地に横たわり、かたわらには静かに水が流れているというその様子は、自分をケアするお手本をイメージさせます。私は「主が私の魂を生き返らせる」という表現が気に入っています。神はあなたに、自分の命を取り戻してほしいと願っています。痛みよりも平和のほうが、自分に相応しいのだと理解できれば、あなたの体験は平和が最優先されたものとなります。

豊かな宇宙は、あなたにギフトを受け取ってほしいと心から望んでいます。人々は、すすんであなたをサポートし、必要な物質には、すでにあなたの名前が書かれています。肉体もまた、あなたにその健康を楽しんでほしいと切に願っています。あなたへの祝福は、まるで多くの飛行機が一列に並び、滑走路に近づいて、最後の着陸許可を待っているようなものです。理想的なシナリオを描いているなら、それを現実にするためには、あなたの協力が必要なのです。自分の愛する人たちに与える優しさと同じだけのものを、自分自身にも与えるなら、毎日を愛と共に目覚めるでしょう。そして、あなたの放つ優しい光は、あなたを見る人たちに、自らの炎を燃やし続けようという励ましを、与えるに違いありません。有害な環境から去り、否定的な思考を手放せば、喜ばしくない状況も消えてなくなります。暗いシナリオは、愛の力強い体験へと置き換えられます。全ては、自分の魂に、「はい！」と答える勇気を見つけた瞬間から始まるギフトです。

カレン・カーペンターの死は、決して無駄ではありません。多くの人の目にさらされている人たちは、自らの体験を見せることで、人々に重要な人生の学びを与えることができます。やるべきことを教える者も居れば、やるべきではないことを教える者も居ます。おそらく、その親愛なる一人の女性シンガーの早すぎる死は、多くの人に自分に愛を与えることの大切さと、そうすれば失われるはずの命も救われていたであろうことを気づかせました。魂を飢えさせるのではなく、魂に滋養を与えることに専念すれば、もともと誰も受け取るに値しない苦しみは避けられます。神があなたへ望むことは、ただ幸せであることを理解し、自分の魂を輝かせること。それこそが、人生で成し遂げるべきことなのです。

肉体と魂

友人のロニーは、とても魅力的な女性で、若い頃からモデルとして活躍していました。その生まれついてのブロンドの髪、青い瞳、しなやかな体で、彼女はロサンジェルスで一躍有名になりました。そして、彼女を追いかけるセレブや男性たちと付き合うことになったのです。彼女は高級マンションに住み、男性誌『プレイボーイ』で見かけるようなパーティーに出かけ、世界中を飛び回って、きらびやかなモデル活動をして、多額の収入を得ていました。いろんな意味で、彼女は「理想の人生」を生きていました。

しかし、人も羨むような暮らしの裏側で、ロニーは惨めな思いをしていました。厳格な食事制限のもとで、いつもお腹を空かせて働き続け、体重計は彼女の敵となりました。顔に皺を見つけようものなら、彼女は恐れのあまり混乱しました。競争がとても激しい業界で、常に自分の外見の衰えを心配し続け、自分の乳房がたるむことを恐れ、結婚も出産も避けてきました。そのうち、彼女は男性を信用できなくなりました。彼らのほとんどが、彼女の身体が目的だったからです。そして、自分より魅力的だと思われている女性に、嫉妬するようになりました。幸せで健康的な女性のイメージを必死に押し出しても、彼女自身は全くそうではありませんでした。人目を奪うような彼女の外見に反して、魂は抜け殻でした。

ついに、ロニーの心は崩壊しました。それをきっかけに、ヨガのインストラクターの資格を取得するためにアシュラムに行き、そこでしばらく過ごすことにしました。ロデオ・ドライブばりの高級な服を、天然繊維でできたゆったりした服に変え、乳房も重力のまま自由にさせた後、彼女は初めて、自分の外見に間違い探しをすることなく、鏡を見ることができました。「ヨガのクラスは、常軌を逸したあの生活からは、決して得られない平和な気持ちを、私にもたらしてくれたの」と彼女は私に言いました。

世の中が、肉体へのフォーカスを強めると、魂が犠牲になっていきます。魅力的な肉体をもつことや、アスリートになること、若さや美しさに依存した業界で働くことで、報酬を得ている人たちは、外見や肉体のパフォーマンスに縛られがちです。もちろん、魅力的な外見は人目を惹きますし、身体の健康を探求し、運動能力を向上させることも素晴らしいのですが、肉体に注目を集めたいという誘惑は、人生を大きく逸らすことになりかねません。もし美しさを極めたいのであれば、魂の美しさを極めてはどうでしょう。女優のシャロン・ストーンは、性的シンボルとして注目を浴びた時期もありましたが、その時期でさえも「メイクやヘアスタイルだけで女性が美しくなるなんて信じないわ。その場で最も光り輝く女性は、人生をまるごと生きて体験している人よ」と語っていました。

この地球上で私たちは皆、肉体をもちながら、生きていく術《すべ》を見つけていかなくてはなりません。食べて、寝て、休憩をとって、場所から場所へと旅をしなくてはなりません。混雑の中で居場所を確保して、交通渋滞の中ですり抜ける道を見つけ、異性に関心をもたれるようにし、肉体に痛みを感じたら、それを治療しなくてはなりません。肉体と肉体に必要なことにフォーカスする時間は、あまり必要としないという人は、ごく稀でしょう。

肉体を自分の敵のように扱う人たちも居ます。彼らは肉体を悪魔とし、やすらぎを否定し、鞭打って肉体を屈服させようとします。肉体的な痛みでさえも素晴らしいと評価します。私は、自分自身を金属の棒で血を流すまで鞭打つようにと、僧侶に指示している寺院を知っています。もし自分の子が、寺院でそんな目に遭っていたら、あなたはショックを受けて、この子は何かを見失っていると心から思うことでしょう。そして、全力で、彼らの健全性を回復させようとするに違いありません。あなたが自分の子にそう思うように、神もあなたに苦しんで欲しくないのです。

しかし、宗教という名のもとに、そんなことが行われ、正気とは思えない人たちが、その行為を容認します。彼らの神に関するアイデアとは、なんておかしなものなのでしょう！　自分自身の肉体を傷つけることはすなわち、肉体を偶像だとするようなものです。肉体と戦うことは、肉体を崇めることと同じくらい、いいえ、もっと多くのエネルギーを必要とします。抵抗すれば、抵抗は拡大し、そして居座るからです。肉体を超えようとする苦しみは、エゴからの誘惑です。なぜなら、あなたが肉体のみに注意を払い、主導権を肉体に握られ続けると、犠牲になるのは魂なのですから。

肉体をうまく機能させつつも、魂が窒息しないようなやり方はあるのでしょうか。外見も感じよく、身体的にもぴったりで、罠にはまることなく、物質的な旅路を楽しむことは可能なのでしょうか。この世界で行動しつつも、より高次な現実に生き続ける方法はあるのでしょうか。

それはあります。肉体は良いものでも悪いものでもありませんし、神でも悪魔でもありません。肉体の価値は、あなたがそれを何のために使うかで決まります。悟りの状態にあっても、物質を否定することは求められません。あるいは、霊的世界にのみ生きるようにと、求められることもありません。人生をうまく生きるためには、フォーカスと目的と優先順位が大切なのです。

前方に立つ俳優にフォーカスし、後方がぼやけているような映画のワンシーンを観たことがあるでしょう。他の俳優が部屋に入ってきたら、その人にさっとフォーカスが移り、その途端に最初の俳優の姿がぼやけます。肉体と魂の関係性は、あなたの人生という映画における、この二人の俳優のようなものです。肉体に対して集中的に注意を払えば、魂はぼんやりとしてきます。逆に魂に没頭してしまうと、肉体はあなたの意識の裏側に薄れていきます。ですから、深い瞑想状態や神秘的な体験をする時には、肉体が消えてしまうのです。本当に肉体がどこかに行ってしまうわけではなく、マインドが他のどこかに入るのです。肉体にフォーカスすればするほど、肉体の世界に没頭するようになります。魂にフォーカスすればするほど、魂の世界がリアルになります。あなたが注意を向ける力が、あなたが自由に使える最も強力な貨幣になります。すなわち、目を向けるものは、それが何であろうと、あなたの体験の中で拡大するのです。

飛行機で一番前の座席に座っていた時のことです。携帯にダウンロードしていた、気持ちが高まるようなスピリチュアルのレクチャーを聴いていました。その時、不意に目の前の四角いモニターから機内の映画が流れ始めました。退屈な十代の若者たちの恋愛を描いた映画でしたが、私の座席からでは、目に入るのを避けられませんでした。ですので、耳から入ってくるレクチャーに、自分の注意のほとんどを向けてはいましたが、映画のあらすじだけは、何となく目で追っていました。しかし、この何気ない体験から、私は物質界と魂の世界をどのようにして融合させるかについて、深い学びを得たのです。映画をあまり意識することなく見ながら、自分のマインドを高次のレクチャーに置き続けました。私たちは、ばかげたあらすじと充分うまく付き合いながらも、一方で、より意味のある会話に、自分の意識の大部分でもって、没頭し続けることもできるのだと知ったのです。

神聖なる存在に電話する

『奇跡のコース』は、肉体の最も価値ある使い方は、この世界で表現していくために、スピリットとコミュニケーションをとっていくための道具とすることだと伝えています。神聖な存在と人間とが会話をするための、「電話」のような使い方です。肉体は手段であり、目的ではありません。肉体そのものを目的にしてしまうと、私たちは肉体が伝えようとする、スピリチュアルなギフトを見逃してしまいます。伝えられる真実こそがメッセージであり、肉体はそれを伝えるメッセンジャーです。肉体を通して、愛や恵み、癒しをこの世界に届けているなら、あなたは肉体を正しく使っていると言えるでしょう。

自動車が果たす役割と目的は、あなたをある場所から場所へと運ぶことです。しかし、車に夢中になるあまり、その使い道ではなく、車そのものが目的となることがあります。高価な車を買い、たくさんのもので飾り立て、毎日磨き上げ、汚れないように、へこまないように、誰かに盗まれないようにと、ガレージの中にずっと置いていては、車本来の機能が果たされません。見る人は、「おぉ！」「あぁ！」と驚きの声を上げるかもしれませんが、もうその時は、もはや移動するためのものではないのです。美術館に置かれるものか、祭壇に祀られる偶像のようなものです。車を使えば、息をのむような美しい風景の中を走ったり、自分の情熱や才能を発揮できる仕事に出向いたり、喜びを共にする人々と会えたりしていたかもしれません。

同じように、肉体もあなたを、今居るそこだけでなく、異なる場所へと運んでくれます。もっと具体的に言えば、あなたが肉体を通して、愛や癒しを伝え、この世界をまるで天国のような場所にすれば、肉体はあなたをスピリチュアルな場所へと運びます。それ以外の目的で肉体を使っても、ストレスや不足感が残るだけです。

とても大切な質問

真の自己とのつながりを失ってしまった私たちにとって、自己を知ることは、人間にとって心を突き動かされる探求の旅路になりました。「アスク・ドットコム」というウェブサイト（グーグルなどの先駆者となった検索サイト）ができた時、最も検索されたのは、「私は誰ですか」という質問でした。今日でもグーグルでこの質問を検索すると、約九十八億個の結果が表示されます。百億にほぼ達する勢いの人々からのすさまじい質問、それが「私は誰ですか」です。

自分を傷つけるのは、自身の意識がとても小さく縮小した時の結果です。ですから、苦しみへの答えは、意識を大きく拡大することです。自分のアイデンティティを、肉体だけの存在ではなく、霊的な存在であるとしなくてはなりません。魂としての自分自身を知れば、大いなる自由が訪れます。魂は、恐れの中に住むことはなく、病気になることも死ぬこともないのです。神そのものを表現し、神の延長上にあるのですから、魂は健康で、完璧で、永遠のものなのです。肉体はいつか滅びますが、魂はそうなりません。肉体の中に自分を閉じ込めることは、自分自身をとても小さな箱の中に押し込めるようなもので、とても大きな豪華な部屋から、窮屈なクローゼットに入り込むようなものです。緑が生い茂った庭付きの、果てしなく広い邸宅の所有者が、わざわざ階段の下にある、狭くて暗い小部屋に住んでいるのを想像できますか？　クローゼットのドアを開け放って、聖なる領域に足を踏み入れれば、生まれた時から与えられている王国を手にすることができるのです。

時間を超える魂

肉体は時間のある世界に居て、時間に縛られています。魂は、このはっきりしない偽りの概念には制限されません。魂は、自らを永遠に生きる偉大なものであると公言します。キリストやモーゼ、仏陀やモハメッド、老子、孔子、その他のスピリチュアルな師たちの肉体は、数千年前に地球上で暮らしていました。しかし、彼らの本質である命は、肉体自体が滅した後も長く、その光を宇宙へと放ち続け、星のように生き続けています。スピリチュアルな師たちは、太陽の光を一点に集めて、火を作り出す拡大鏡のように、真実に光を集中させる人たちなのです。偉大なる彼らは、大切な考えを手に入れ、自分の肉体を使って、それを人間へと伝え、広めます。彼らの肉体が消えても、その考えは生き続けます。永遠に生き続けたいと思うなら、不変のものと会話していくことです。

動画は、魂の永遠性を証明する、疑いようのない一つの例です。動画の中の人物たちは、「人間はスピリチュアルな存在である」という真実を見せつつ、拡大していきます。ディーと私は、画家であるボブ・ロスのビデオを楽しんでいました。優しいスピリットである彼は、驚くほど感動的な風景をリアルに描き、その描き方を視聴者に教えていました。ボブは一九九五年にこの世を去りましたが、子どもを思わせる、無邪気な本質から発せられる彼のエネルギーは、生前のビデオや絵画を通して、ずっと生き続けています。私たちは今もなお、彼の芸術と同じくらい、彼の柔らかな佇まいを味わっています。肉体はなくなりましたが、彼の魂は生き続けていて、彼の番組や作品に感動する人々は、彼の魂に通じていくのです。彼は形なき存在になりましたが、スピリットは未だ活力に満ちています。

同じように、すでに旅立ったあなたの愛する人も、居なくなったわけではありません。そして、あなたもそうはならないのです。死は魂をあなたから切り離すことはできません。ですので、旅立った最愛の人たちとは、簡単に会話することができます。彼らはただ、カーテンの向こう側に居るだけなのですから。あなたが彼らとマインドやハート、スピリットを通じて、つながればつながるほど、カーテンは薄く、透き通ってくるでしょう。時間と空間は、不滅なものを妨げることはできません。愛は時間を超え、死を超えます。そして、あなたの本質は愛なのですから、そのあなたも時間を超え、死を超えるのです。

ギフトを手に取り、その領域を手に入れなさい

肉体がどのような周波数を放っているかは、肉体にぴったりと合う、全てのものを引き寄せる鍵となります。魂が放つ周波数もまた、魂にぴったりと合う、全てのものを引き寄せる鍵です。

私の師であるヒルダ・チャールトンは、ある時、バーゲンセールで安い靴を買う夢を見ました。その時から、その夢は彼女にとって、全てが薄っぺらい、実体のない世界を象徴する悪夢へと変わりました。安い靴を買うことは、彼女が安価な世界に陥ることを意味するようになったのです。こうして彼女は、自分のレクチャーのタイトルを「ギフトを手に取り、その領域を手に入れなさい」としました。

全ての領域は、良くも悪くもギフトをもたらします。あるギフトを手に入れると、そのギフトと同じ領域に住まう全てが、あなたへと引き継がれます。たとえば、肉体は三次元のもの全てと引き合いますが、魂は全ての霊的なものへのアクセス権を生み出します。どちらにおいても、純粋なギフトもあれば、中にはトロイの木馬*もあります。輝いているものにはよく、罠や落とし穴があるものです。あなたが求め、受け取るギフトに注意を払いましょう。受け取るギフトの一つひとつが、同じようなものを、あなたにもっと引き寄せるからです。

魂あるボディと魂なきボディ

あなたの肉体は、ボディです。しかし、他にも多くの種類の「ボディ」があります。あなたの家も、ボディの一つの形です。ビジネスも、宗教も、国もそうです。存在する全てのものはボディです。「corporation（法人）」という言葉もボディを意味します（「corporeal〈身体〉」や「corpse〈死体〉」という意味合いから来ています）。法人にも魂がある場合もあれば、欠けている場合もあります。先に述べた魂と肉体（ボディ）の関係性については、法人や市町村、国などの、より大きなボディにも全て当てはまります。形を成して存在するものは、魂が込められて動いていき、存在しないものは全く命をもちません。そして、肉体はもちろん、会社や国も、魂の力が裏打ちしていなければ、生き残っていくことはありません。魂の力が存在を創造し、維持していくのです。その魂の力が萎えて、崩壊してしまえば、存在は死んでいきます。全ての存在は、それだけでは不活性であり、中庸なもので、実体や知性を欠いています。しかし、叡智と魂の力だけが、その存在に宿る命を授けることができるのです。

たとえば、あなたの家は、そこに住む人々や、そこで起こる活動の本質を扱う「殻」のようなものです。家自身にはなんら意志や知性もありません。しかし、あなたが家を愛し、維持し、自分にとって意味のあるものを家の中や外に並べたりすれば、家は命を得て輝き、そこに入ってくる人たちを感動させます。反対に、留守がちで家を愛さず、手入れもせずにいれば、家は荒れ果てて、外見もひどく、精神的にも悩みの原因となります。つまりは、あなたとあなたの家族が、家にとっての魂なのです。その魂が活力に満ちていれば、家も真のホームとなります。反対に、魂であるあなたとあなたの家族が愛に飢えていたら、その家をホームとは呼べないでしょう。物

＊古代ギリシャのトロイア戦争においてトロイアが滅ぼされるきっかけになった作戦にちなんで、内通者を忍び込ませて内側から相手をおとしいれる意に使われる

理的に家とすることはできますが、魂だけが家をホームにします。

肉体は、あなたのホームではありません。それは一時的に住まう家です。あなたが自分の肉体を愛して使うのであれば、それはとても素晴らしい休暇中のレンタルハウスになるでしょう。愛の目的をもたずに肉体を使っても、肉体は逆に邪魔となり、妨害してくるものとなるでしょう。「ホームとは、ハートがある場所のことです」は、完璧に言い得たことわざです。同じように、こうも言えます。「ホームとは、魂がある場所のことです」と。

肉体の二つの使い方

エゴは肉体を使います。同じように魂も肉体を使います。エゴの肉体の使い方は、肉体自身を神と見なしますが、魂の肉体の使い方は、肉体を神に奉仕するために使います。エゴは肉体を使って心配ごとを絶え間なく作り出し、その目を愛から引き離すことで魂を窒息させようとします。スピリットは肉体を使って、魂を最大限に拡大します。どちらに肉体が使われているかは、その時にあなたが体験する静穏の量で見分けられます。恐れや怒り、葛藤や痛みは、エゴが使い手であることを示しています。内なる平和は、あなたの人生が魂に調和しているサインです。

肉体が中庸なものであるが故に、何のために使うかが、人生の質を決定づけます。肉体そのものを崇めれば、物質界がもたらす、あらゆる危険やもろさの影響を受けるでしょう。それよりも、他者とつながり、他者をサポートし、癒すための架け橋として、肉体を使いましょう。そうすれば、あなたの肉体は神聖なる導管に変わります。肉体はあなたを運ぶ船となり、サンサーラ（幻想）という大海を渡ります。帆を高く上げ、スピリットからの風を受け止め、あなたのホームの港へと急ぐのです。ですから、肉体はあなたの敵でもなければ、打ち負かすべき相手でもありません。肉体は、その潜在的な力を真に知る人たちにとっては、友人なのです。唯一の敵は恐れであり、愛によってのみ克服されます。恐れが肉体を捉えると、苦しみを生む結果となる行動が生まれます。愛が肉体を導く時には、祝福が後に続きます。魂と肉体が調和すれば、熟練したシンフォニーが流れるように、私たちは行動し、祝福するのです。この高貴な目標を達成した時に、私たちはここに居る理由を思い出し、神聖なる運命を満たすことができるでしょう。

友人のロニーは、モデルを引退しました。結婚して子どもを産み、ヨガを教えながらエッセンシャルオイルを扱っています。自分の外見を固めることはもうありません。少し体重が増えて、かすかに妊娠線も出て、白髪も少し光るようになりましたが、彼女は前よりもずっと美しいのです。なぜなら、自分の魂を輝かせる道を見つけたからです。

世代を超えた癒し

ネイティブアメリカンたちは、自分の人生における、何らかの苦しみを癒すことができれば、同時に自分から七世代未来の者たちと、七世代遡る者たちを癒すことができるのだと言います。自分から後の世代へと、癒しを手渡せるというのは、まだ理解できますが、自分より前の世代を癒すことはできるものなのでしょうか。

どんな家族であっても、自分のカルマを子孫に伝えていく傾向はあります。子どもたちは、両親から受け継いだ身体的・心理的な病気を発症しがちです。たとえば、両親のうちの一人が、アルコール依存症だったり、虐待を受けて育ったりした場合、そのパターンを彼らの子どもも繰り返すことがあります。両親が喧嘩の末に、ひどい離婚をした場合にも、人間関係に問題を抱えたり、結婚や恋愛を避けたりする可能性があります。親たちの多くは、健全なお手本を志しながら、子どもたちを深く愛すのでしょうが、中には暗い遺産を手渡す親も居るのです。

ニュートンの運動の第一法則は、「動いている物体は、外的な力の働きかけがない限りは、同じ動きに留まろうとする」というものです。根本的な癒しが生まれる時に、この法則を当てはめると、その「外的な力」とは、**真の内側の力**を意味することになります。つまりは、魂からの力です。もし代々受け継がれた病気に向かおうとする、何らかの傾向が、自分にあっても、魂の力に触れるなら、その問題を超えて癒せる能力を手に入れられます。ほとんどの人が、力を肉体へと明け渡していますが、自分は肉体以上の存在であると理解できれば、肉体の法則からの影響を受けることはないでしょう。それが証拠に、医師や精神科医が「唐突に」あるいは「奇跡的に」起こったのだと言い、説明ができない癒しは多く存在します。そして、そのような事例は科学の法則を否定します（医学的な予見を超えた驚くべき癒しについての見解を知りたければ、医学博士ジェフリー・レディジャーの著書や動画を見てください）。しかし、その現象は、より高次の法則には、科学的に完璧に沿っているのです。『奇跡のコース』は「私は神以外のいかなる法則の下にも在りません」との真実を覚えておくようにと、私たちに促します。魂の法則は、医療の法則や、その他人間が作り出した全ての制約のある法則を凌駕します。魂が前面に出て光を放つ時、この世の全ての駆け引きは、その光の前で帳消しにされます。

サイコロジー（心理学）がその名前の示す通りのものだとすると、本質や魂の力が讃えられるでしょう。なぜなら、「サイコ」という言葉は、ギリシャ語では「魂」を意味します。私たちは「自分が何者か」を知っているのは理性のマインドだと信じ込んで、「サイコ」とマインドを同等なものとして扱おうとします。しかし、誰一人として、知性のレベルだけで癒されることはありません。混乱し、取り散らかり、正気ではないとされる思考によって、私たちのマインドと人生は侵食されてしまっていますが、真の本質とアイデンティティは、もっとはるかに深いところで動いています。真の心理学は魂から生まれるものであり、祖先を苦しめた数々の不具合に固執するマインドよりも、無限に強いものなのです。

両親がやったことをそのままやって生きるなら、彼らの生きた人生を繰り返しているようなものです。同じ町に住んで、同じものを食し、同じ職業に就き、似たような配偶者を選び、同じ医師にかかり、同じ教会に通い、同じ政党を支持し、同じようなニュースや噂話を見聞きし、同じ判断や意見に留まり続けるなら、あなたの人生は、あなたの両親の人生の複製です。しかし、もし絆の強い、助け合ってきた幸せな家族と共に育ってきたのなら、あなたが受け継いだそれらの全ての要素は、良い方向へとまた動いていくでしょう。ですから、どうぞ続けてください。

しかし一方で、多くの人たちは、自分の両親に見せられてきた基準やパターンを超えて、成長することを望んでいます。両親に肉体的、感情的、金銭的な苦しみがあったとしても、あなたが意識的に自分の道を選択するなら、彼らが味わった苦しみを避けることができ、あなたの子孫も見習うでしょう。あなたがカルマの鎖を切るのです。自分の親たちが逃げられなかった、残酷な領域から彼らを解放するというのは、新しい世代を担う者たち全ての義務です。

新たな者が新たな結果を創造する

私のコーチングのクライアントの多くは、こう言います。「私はひどい離婚をしたので、数年経った今、また誰かと関係をもとうとは思えません。なぜなら、また以前のようになってしまうのが怖いんです」と。

私は尋ねます。「確かに、あなたは前のパートナーと結婚し、問題をたくさん経験し、その人と別れました。ですが、あなたはその時と同じあなたですか?」と。

「もちろん違います!」と、どのクライアントも断固として答えます。

そこで、私はこう尋ねるのです。「では、その体験から何か学びましたか? 変わって成長できましたか?」

「もちろん」と彼らは口をそろえて答えます。
「ということは、あなたが過去のミスを繰り返す可能性は低いですね」と私は言い、そしてこう説明します。「もっと賢く新しくなったのですから、あなたは新たな結果を生み出すでしょう」と。

これは世代を超えた癒しにも、当てはまります。あなたの祖先の人生を縛っていたパターンを超えて、新しい道を刻むのですから、彼らの苦しみをまた繰り返すことはないでしょう。あなたは静止している存在ではありません。肉体ではなくスピリットであり、物体ではなくエネルギーであり、先週、先月、昨年、もっと何年も前の自分をも超えて、成長し続ける存在なのです。両親がかつてそうだったからといって、社会的、科学的な意見が決めつけてくるからといって、自分のアイデンティティを制限しないでください。かつてのあなたも、かつてのあなたの思考もイメージも、通りすぎていくものです。去年体験した晴れの日や暴風雨からは、それ以上の現実は、もはや生まれません。殻を一枚脱いで大きくなる軟体動物のように、古い抜け殻は置いていきましょう。そして、新しくなった、より大きな身体を乗りこなしましょう。古い殻を超えたところで、新たな人生があなたを待っています。

傷ついている人々が、人を傷つける理由

親たちの間違いにこだわり、自分が彼らにされたことへの不満を言い続けていると、彼らのパターンを超えて成長していくはずが、逆に間違いを深めてしまいます。私たちの親は皆、間違いを犯しています。彼らだって人間なのです。親たちがこだわり続けた問題や虐待、トラウマにフォーカスすればするほど、あなたはそこに留まり続けます。癒しの初期段階には、自分を抑え込んでいる痛みを理解することは必要です。しかし、そこからは痛みを超えて、前進しなくてはなりません。苦しみが刻み込まれている箱の中に、自らを閉じ込めないでください。見せかけからはわからない、もっと多くの大切な他のものが、あなたにもあなたの親たちにもあります。例外なく親たちも、自分の魂を真の姿とは比べ物にならないほど、小さく縮めてしまったのです。それらはあなたのものではなく、**親たちの痛み**だったのです。私のコーチングのクライアントにも、親からの虐待に傷ついている人が多くやってきます。私は彼らに尋ねます。「あなたのお父さん（あるいはお母さん）は、お父さん（あるいはお母さん）の親とはどのような関係でしたか？」。すると決まって、クライアントは、（たとえば、こんなふうに）答えます。「私の父の父親は、父が私にしたことと同じくらい、あるいはもっと激しく、父に対してひどいことをしていました」と。あなたを虐待する親たちもまた、途方もなく苦しい体験をしています。彼（あるいは彼女）は、痛みに気づくことなく、あるいは痛みを癒す術《すべ》がわからないまま、彼らは結局、その痛みをあな

たに手渡ししているのです。だからといって、それが虐待をしていい言い訳や許可には、決してなりませんが、傷ついた人たちが他人を傷つける理由、またなぜそのやり方なのかを思いめぐらすあなたが、少なくとも、深い気づきや思いやりの気持ちをもてるきっかけにはなるでしょう。

魂のレベルからの癒し

世代を超えるものも含めて、全ての癒しの鍵は、「自分を肉体を超えた魂の存在だ」と見なすことです。魂のレベルでは、あなたは宇宙規模の力をもっています。なぜなら、神とは全てであり、従ってあなたもそうだからです。自分の人格を操作したり、他人をコントロールしようとしても、カルマを終わらせることはできません。「パーソナリティ（人格）」という言葉は、ギリシャ語の「マスク」を意味する、「ペルソナ」から派生したものです。あなたの人格は、魂が身につけたマスクなのです。ですから、人格には直接的な力はありません。人格を通じての選択はできません。なぜなら、真の選択とは、はるかに深い内なる場所でなされるものだからです。自分自身や自分の後に続く世代、自分の前に続いた世代を癒すためには、魂のレベルに働きかけなければなりません。

高次の力を認めた上で、その力を呼び入れるという十二ステッププログラム*は、効果を発揮しています。依存症を癒そうとしている人格は、依存症になった人格と同一ですから、いくら人格に働きかけても、それは狐に鶏小屋を見張らせているようなものです。人格は自由な意志をもたず、変容を起こさせる力もありません。しかし、魂にはそれがあります。霊的な存在としての自分のアイデンティティを手にすれば、人格が引き起こす全ての不具合や、これから直面するかもしれないあらゆる壁に対して、支配権を握ることができるのです。この時、高次の自己が、低次の自己をコントロールします。だからこそ、明らかに解決のしようがない問題に直面した時、唱える祈りの言葉は、あなたにとって偉大なる力の源となります。祈りの言葉が、あなたと神の力をつなげるからです。依存症を癒すことや、あなたと愛する人たちを支える豊かさを生み出すこと、亀裂を生んだ難しい人間関係を正すことも含めて、神にできないことなどありません。自分が堂々巡りをしている、あるいは、毎日や仕事、人間関係は最悪に繰り返されていると感じているなら、それはあなたが全部、自分の力だけでやろうとしているからです。人格が働きかける力は、失敗に終わります。神が働きかける力は、成功へと導きます。謙虚になって、神の助けを求めましょう。そして、その助けを受け取るための価値が、自分には充分にあると知りましょう。

祖先への癒し

西洋の文化においては、亡くなった祖先たちは居なくなったのだと信じられています。ですが、

＊依存症、強迫性障害、その他の行動問題からの回復のために作られたガイドライン・方針のリスト

真実は、彼らは私たちと共に、私たちを通して生き続けているのです。アジアの文化では、祖先の存在と価値が、もっと理解されています。アジア人の多くは、彼らの祖先の写真を祭壇に置いて、定期的に、あるいは毎日祈りの儀式を行い、彼らへの感謝と敬意を伝えています。西洋人である私たちも同じようにすれば、きっと大きなギフトを得られるでしょう。

自分の先祖に敬意を示すのに最適な方法は、彼らが望んでいた人生を、あなたが自分のために生きることです。全ての親が、わが子には、自分たちの人生以上の人生を生きてほしいと願っています。とても困難な長い道のりを歩き、犠牲に耐えた多くの親たちのおかげで、子どもたちは彼らよりも高みを目指すことができるのです。私の両親の親は、一文なしでヨーロッパからアメリカに渡ってきた移民でした。両親の親も両親も、自分と子どもたちがより良い生活ができるよう、懸命に働きました。私の両親はどちらも高校へは行かず、大家族を支えるためにすぐに社会に出て、ブルックリンにある工場で働かなくてはなりませんでした。子どもが成長した後も、労働時間の長い肉体労働の仕事に就きました。父はバスの運転手で、母は日中、帽子店で働き、夜は工場勤めでした。彼らが必死に働いてくれたおかげで、私たち家族はスラム街から住居を移し、私は大学まで行くことができたのです。彼らにとって私の幸せは、彼ら自身の幸せよりも大切でした。私の幸せが、彼らの幸せだったのです。

その後、恩寵によって、私の人生はきっと両親が思っていたどんなものよりも、ずっと良いものとなりました。私は今、自然に囲まれた居心地のいい家に、愛するパートナーと、我が子のようなむくむくした犬たちと共に、暮らしています。仕事においても、クライアントや共に働く仲間たちとのつながりから、深いギフトを受け取り、楽しんでいます。両親がこの世に戻ってきて、自分たちが私に授けた善を知り、彼らを超えて輝きを増し続けている、この私の人生を見たら、心から驚くでしょう。私の世界に祝福をもたらす道を開いてくれた両親を、心から尊敬します。彼らの魂から生まれた真実の愛が、私の人生における、たくさんの扉を押し開いてくれました。彼らは教養もなく、教育も受けられませんでしたが、最高の愛と優しさに溢れ、支援してくれました。

一方で、両親は問題を抱えてもいました。それぞれが、感情的な問題や身体的な問題との格闘を続けていました。それぞれが人生に偏った見方をもち、よく口論をしていました。両者とも、かなりのヘビースモーカーでした。新しい車を買ったものの、支払いが追いつかず、返品したりもしていました。セックスや人間関係についても、とても古い考え方をしていました。その世代特有の偏見や、欠点や困窮の影響を受けていました。

今まで思い切って成し遂げてきた私の歩みは、両親にとっての幸せも、同時に反映しているのだと私は信じたいです。そして、天国から見下ろして、予想を超えた素晴らしい命をこの世に放ったと微笑んでいると信じたいです。彼らが目標としていた成功は、私が幸せに満たされることだったのですから。恐れや誤解で作られた、彼らを縛るカルマの鎖は、私を通してきっと断ち切ることができたでしょう。私の人生は、彼らへの恩返しです。

同じように、あなたの人生もあなたの祖先に祝福を与えます。彼らの努力の結果の一番上に立っている——それが、あなたです。もちろん、私たちは皆、自身の問題や課題も抱えているかもしれませんが、一方で、彼らが思い切って成し遂げたものを、すでに超えて立っています。そして、それがあなたの幸福のためにも、貢献しているのだと認めましょう。たとえ高い生活水準をまだ達成してはいなくても、あなたが霊的に成長して、もっと人生を広く見渡せる場所に居るのであれば、家族（祖先も子孫も含めた）が手に入れ得る幸福の幅を、さらに広げたことになるのです。今の人生においても、パートナーがたとえ完璧ではなくとも、その存在に感謝すれば、あなたが彼（彼女）へと広げたギフトは、またあなたへと戻ってくるでしょう。

無意識とはいえ、両親がお互いを、あるいは、あなたや兄弟姉妹にもひどい扱いをしていた場合には、彼らへの感謝は難しいと感じるかもしれません。そんな場合には、自分の人生が、いかに彼らへの癒しになるかを考えてみましょう。彼らのやったことから学び、同じ苦しい選択をしないのであれば、その暗いサイクルを癒すことになります。そして、彼らもまたあなたと共に、その難しいレッスンを学び、マスターしたことになるのです。彼らがまず間違いを犯すことで、学ぶべきレッスンを設定し、あなたが間違いを正すことで、そのレッスンからの学びを終わらせるのです。家族が愛に溢れたものであっても、ばらばらなものであっても、その家族のもとに生まれたことは偶然ではありません。なぜなら、家族全員が、ある特定の人生の道のりを互いに共有しようと選択し、共に歩きつつ、それぞれが自分を癒すことによって、苦しみから思いやりの要素を学び取ろうということに同意して、この世にやってきたからです。

両親が健在であれば、彼らがここに居る間に癒せる、またとない機会です。彼らがこの世を去るまで先延ばしすることなく、彼らと共に問題に取り組みましょう。もちろん、彼らがこの世を去っても、彼らと霊的に取り組んで癒すことはできますが、今、この世に生きている間にできれば、それが一番の解放への道です。たとえ彼らが変わらなくとも、あなたを理解せず、同意しなくても大丈夫です。あなたにはあなた自身のマインドを変えて、彼らを捉え直す力があります。そして、そこが実は、最も深い癒しが住まう場所なのです。彼らへのヴィジョンを高くして、今一度、思いやりと共感の目を通して、彼らを見ましょう。あなたのハートが、彼らとの関係に平和を感じられれば、それが彼らにとっての祝福になり、彼ら自身の内なる平和を選択できる力を最大限に育てるのです。

とはいえ、あなた自身も家族の良くない部分を反映していると思われるミスを、人生で犯しているかもしれません。たとえば、何かの依存に苦しんだり、結婚と離婚を人より多く繰り返していたり、お金のことでいつも悩んでいたり、家族ともうまくいっておらず、法的なトラブルを抱えていたり、家族に知られたら恥ずかしいと思われるような、秘密をもっていたりするかもしれません。でも、絶望してはいけません。ゲームはまだ終わっていません。あなたはプロセスの真っただ中なのです。ハーフタイムで勝ち負けは決まりません。ある時点が来たら、今の困難はきっと解消されるはずです。そして、それが起こった理由を理解し、そこから授けられたレッスンによって力を得るでしょう。その時、あなたが手にしている強さが、あなたの今目の前の家族に、歴史を遡った家族に、また次の世代に生きる家族に、祝福を与えていくのです。

魂の勝利

肉体も人格も、体験も、訪れては去っていきます。しかし、魂は永遠です。あなたの本質はもともと、自分の祖先や子孫の魂につながっています。ただ自分のためだけに生きているのではありません。彼ら全員と共に、彼ら全員のためにも生きているのです。あなたが体験する困難や成功は、彼ら全員のものでもあります。行動する前に、自分に聞いてみましょう。「この行動は、私の過去、現在、未来の家族たちの魂にどんな影響があるだろうか」と。間違いを犯したり、これから犯すとしても、きっとそれを上回る大きな一歩を踏み出した、あるいはこれから踏み出すことになるでしょう。間違ったからといって、自分を責め続けないようにしましょう。それよりも成し遂げたことを祝福するのです。間違いを手厳しく叱るのは、あなたの魂ではありません。それはエゴからの声であり、エゴはいつも「自分は不十分だ」という偽りの感覚を、あなたにもたせ続けようと、手段を替えてやってくるのです。エゴがあなたを叱り続けている間も、魂は神から受け継いだ全てのものを携えて、光り輝きながら、完璧で、完全で在り続けます。あなたは、神から受け継いだものは、外側にしかないと思い込んでいますが、真実は、あなたの内側、**あなたそのまま**に在るのです。

あなたが魂のアイデンティティを思い出せば、完全性に目覚め、自分の家族に起こったあらゆること（または、起こるであろうことさえも）を超越する癒しを生み出せます。魂は全ての人間の間違いをゆるし、恐れや喪失感、悲しみや死に対する勝利を手にします。心理学者のゲイリー・デ・ロドリゲスの言葉を借りて、今ここで言いましょう。「私は悲劇を体験した祖先たちの肩の上に立ち、勝利を宣言し、彼らが私を応援していることを理解する」と。

死後の魂はどこに行ってしまうのか

私のスピリチュアリティにおける成長の旅路は、キリスト教信者としての礼拝から始まりました。ある日、礼拝の後、居合わせた人から、人が亡くなった後の体験について描かれた、薄い小冊子の漫画を渡されました。漫画には、宇宙の審判を前にして、自分の生前の罪を贖《あがな》い、小さくなってゆるしを乞う、一人の男性が描かれていました。しかし、審判は心を動かされることなく、「お前は永遠に地獄へ行くのだ」と命じました。そのストーリーは明らかに恐れを使って、善良な人間で居させるように、また宗教の教えに従うようにと仕向けられているものでした。なので、私は、その教会の礼拝に行くのをやめたのです。

それ以来、私は学び続け、恐れと癒しは全く別のものだと確信しました。人間の行為に懲罰を下す神よりも、はるかに慈悲に満ちた、神の真の姿を知ったのです。恩寵はカルマを上回るものであることを学び、「間違いを犯した」と意識して、前進を阻んでいる罪は、すでにゆるされていることを学んだのです。キリストは、この地上での旅路で莫大な時間を費やし、宗教によって生まれた偏見から、人々を解放しました。彼は、束縛ではなく解放を説く師です。

魂は亡くなった後、どこにも行くことはありません。なぜなら、どこからも旅立ったことはないからです。肉体を抜けた後、私たちは地球の服に押し込める前の自分、すなわち輝くスピリットへと還ります。それが私たちの真のアイデンティティです。肉体とは異なり、魂は傷つくことがなく、未来永劫のものです。肉体同様に魂にも限界を強いると、神を擬人化し始め、人間の特徴を神に投影し、そのことで息苦しい思いをし続けることになります。魂とは肉体から流れ出るエクトプラズム（心霊体）の丸い球でもなく、アニメ『おばけのキャスパー』のように宇宙を放浪するものでもありません。魂とは、霊的に目覚め、桁外れに拡大したものです。魂を理解するには、肉体を通してではなく、内なる目を通して見なくてはなりません。魂を知るには、魂からの視力を使わなくてはならないのです。

「魂は死んだ後、どこに行ってしまうのか」という問いかけは、「小説を読み終わった後、映画のラストシーンを見終わった後、登場人物たちはどこへ行ってしまうのか」と問うようなものです。登場人物たちは、書籍や映画のストーリーの中にまた戻りますが、彼らから得たアイデアは拡大し、今度は読者や視聴者の個人的な表現として、再度生まれ変わります。物語の完結後、ドン・キホーテやエベネーザ・スクルージ（小説『クリスマス・キャロル』の主人公）、ジョージ・ベイリー（映画『素晴らしき哉、人生』の主人公）、ヨーダ（映画『スター・ウォーズ』シリーズの登場人物）には何が起こっているのでしょうか。答えは、「彼らには何も起こらない」です。彼らを愛し、彼らから学んだ人たちのマインドやハートの中で、生き続けます。

そんな物語の登場人物たちのほうが、隣の席で仕事をしている人たちよりも、よっぽどリアルに生き生きとして感じられる場合も多くあります。私たちは、名作と呼ばれる書籍や映画が大好きです。なぜなら、それはこの地球に実際に居る多くの人たちよりも、鮮やかに、深く、魂と魂で出会うからです。私たちにこの現実を超える物語が必要なのは、魂を抑圧的な社会が強いる苦しい型に押し込むことなく、解放して自由にすれば、どんなに多くの善を手にできるかを教えてくれるからです。

あなたの魂はあなたの肉体の中に在るのではありません。魂には、肉体からは完全に独立した命があります。内臓をどんなに細かく解剖し、顕微鏡でどんなに拡大して探しても、その中に魂を見つけることはできないでしょう。悪気なく言いますが、あなたの魂は、肉体、つまりただの肉の塊には捉えることはできない、高い次元に存在しているのです。大切なのは、その魂が、何らかの目的をもって、その肉の塊を動かしているものだということです。すなわち、魂は肉体を動かしていますが、肉体の中には入っていません。肉体が眠っている時でも、魂は目覚めています。赤ん坊がベビーベッドにぶら下がる、きらきらしたおもちゃに夢中になるように、私たちの肉体の注意をくぎづけにしている、毎日の終わりのない雑事から離れ、自由になれて眠った時に、魂が完全に姿を現します。こうして私たちは、ヴィジョンや予知夢を見るのです。身体の緊張が緩んだ時に、魂が前に出ます。そして、叡智や直感を掘り起こし、私たちへ届けるのです。

魂は、肉体がこの世で動いている間も、塵に戻った後さえも、無傷のまま生き続けます。自分を魂と分離したものだと思わせる、三次元の世界とは、夢（仏教徒やヒンズー教徒は、「マヤ」と呼びます）のようなものです。夢という幻想の世界に居る間は、この世の空虚さを味わいますが、それでも、偽りの制限だらけの領域を超えて、不意にやってくる閃きを、経験したことはあるでしょう。そして、その閃きと共に「あ！　そうだったのかっ！」と思い、大きな可能性と共に広がる真の現実の姿を垣間見た経験があるでしょう。それは幻想の世界とは大きく違っていたはずです。一見、物質で固められた目の前の世界のほうが、確かであるように見えます。しかし、臨死体験や向精神薬を摂取している人たち、瞑想に深く入ったり、宗教を通して突然の閃きを得る人たちは、瞬間的に、それよりもはるかに実在的な、真の世界へと足を踏み入れるのです。しかし、そんな経験をしても、あなたはどこかに行ってしまったわけではありません。ただ単に、あなたが行ったと信じているだけです。真の世界は常にあなたと共に在ります。

神は至るところに居ます。あなたが神ならば、従って、あなたも至るところに居ます。ストレス多き、歪んだ短いおとぎ話の旅を終えれば、魂は偉大なる「神である私」として復活します。幸せな結末は、私たちが幻想から目覚める時に現れるのです。そして、私たちは永遠に眠り続けることはありません。なぜなら、運命が私たち一人ひとりのために、もっと大きなアイデアを用意して、揺り起こしてくれるからです。

死は虚構のたまもの

あなたは死ぬわけがありません。なぜなら、神とは命であり、神であるものは全て、あなたでもあるからです。火から熱を、太陽から光を、海から波を切り離せないように、あなた自身も命から切り離すことはできません。それは分かつことのできない「ひとつ」です。肉体は死を迎えます。これは避けられないことです。しかし、真のあなたは不滅です。「死んだら、魂はどこに行くの?」と聞く代わりに、「肉体を脱ぎ捨てた後には、どうなるの?」と聞くほうが、より適切でしょう。

詩篇二十三篇では、「たとえ死の陰の谷を歩むとも、私は災いを恐れない」と、私たちに念を押します。ここでの大切な言葉は、「陰」です。陽光が流れる雲に遮られるように、偽りの思考が真実を遮る瞬間は、死があたかもリアルに見えます。しかし、雲は太陽そのものを消し去ることはできません。雲はただ、太陽を曖昧にする瞬間を作るだけなのです。雲が流れ去れば、太陽がまた姿を現します。同じように、幻想である死が過ぎ去れば、命という真の現実が残ります。

ユダヤ教における最も聖なる祈りの言葉は、「おぉ、聞け、イスラエルよ、主は私たちの神、主はただひとつ」です。ここでの大切な言葉は、「ひとつ」です。キリストは、この真実を別の言い方で繰り返しています。「あなたの目が一つならば、あなたの全身は光に満ちるだろう（一つの真実に満ちた澄んだ目で見れば、全身が光であるのがわかるだろう）」と。自分自身をはっきりと見ることができれば、自分が光を運ぶ容れ物ではなく、光そのものであることがわかります。光、命、そして愛は、自分というひとつの宝石の輝きを作る、カットの面々であり、残酷で混乱した世界から飛んでくる石や矢に傷つけられることも、打ち負かされることもありません。神には欠陥も傷もありません。そして、神と共にひとつである私たちにも、欠陥も傷もありません。究極のもろさの象徴である「死」も、その例外とはならないのです。

恐れは神に属さない

日本で神社を訪れた時のことです。お祖母さんが五歳ぐらいの孫と一緒に歩いていました。その男の子は、参道を外れて、ぶらぶらと歩いており、お祖母さんはイライラしていました。そして、彼に向かって「私のそばに居ないと、えんま様が来て、あんたを連れ去るよ！」と怒鳴ったのです。これを聞いた時、私は身震いしました。なぜなら、子どもに恐れや脅し、罪の意識をもとに教えを与えようとしていたからです。今まで、いわゆる「間違い」の行動を封印することで、罪や恥の意識を感じないようにしている多くの日本人に出会い、その封印を解くために、共に取り組んできました。そのお祖母さんが少年にしたように、家族の中の誰かが、彼らに恐怖を植えつけたに違いないと思います。

もちろん、恐れを通して、相手をコントロールしようとしたり、相手からコントロールされようとするのは、日本人に限ったことではありません。宗教や他の文化においても、恐れさせ、後ろめたさを感じさせることで、人をコントロールしている最たる例はたくさんあります。そのような宗教から、恐れによる規律を取り除いたら、そこに残るものは、もうあまりないでしょう。真の宗教は、愛が土台にあります。ダライ・ラマは「私の宗教は、優しさである」と言いました。

恐ろしい死後の世界は、人を脅してコントロールするのにとても便利です。なぜなら、死後の世界は、そこに行ったことのない者にとっては、神秘そのものだからです。何も知らない人たちのまっさらなスクリーンに、恐ろしい話を映し出すのは簡単です。しかし一方で、一瞬でも死を体験した人たちからは、ヴェールの向こう側の死後の世界は、ただ素晴らしく、解放に満ち、言葉にできないほどの平和があったという報告が続々とされています。また臨死体験をしたほとんどの人たちが、もうこの世に戻りたくなかったと言っています（やるべきことを終えていなかったために、きっと何かが彼らを引き戻したのでしょう）。天国を垣間見た後、彼らは死を恐れなくなりました。なぜなら、死など存在しないと知ったからです。

短い死を体験した人の中には、恐ろしい地獄を見たという人も居ます。しかし、その証言が、死後の世界を正確に言い表しているとは信じられません。人間としての恐れや思い込みを共にもち込むことによって、捻じ曲げられた天国のヴィジョンであったと思っています。そんな彼らも、もし懲罰的な聖職者や家族から、植えつけられた思い込みを乗り越えた末に、臨死体験をしたのであれば、他の体験者たちから寄せられた多くの報告と同じように、輝かしい光の中に立っていたに違いないと、私は信じます。

死後を待って、地獄に行く必要はありません。多くの人はこの世で生きている間に、すでに地獄のような人生を送っています。地獄というのは、死後の牢屋ではありません。それは私たちが愛から逸れて考え、行動した時に生み出されるこの世での体験のことです。恐れを使って、自分の思い通りにコントロールすることは、自分と相手にとって、ただ地球上に地獄を広げるようなものです。あなたが恐れを使って人を操作しようとする時、あなたは自分自身の恐れを押しつけているのです。愛には地獄など存在しません（愛についての歪んだ考えのもとに、地獄のような人間関係を創造してはいますが、それはそもそも愛とは無関係です）。「地獄に落ちない」ようにしたいのなら、あなたの周りに、内側に、立っているその場所に、愛がすでに存在しているのに気づくことです。愛の反対語は、嫌悪です。それは恐れを意味します。体験から恐れを消去すれば、私たちはすぐに自然に愛に戻ります。そして愛は、私たちの手に取られ、楽しんでもらおうと、いつもすぐそこで待っているのです。

なぜ天国を待つのですか？

私たちはまた、天国に行きたければ、死ぬのを待たなくてはならないと言われ続けてきました。これもまた、時間と空間の誤った観念をベースにした、エゴからのもう一つの策略です。エゴの大好きな仮面は、「欠落」です。平和で居るには、いつもその前に何かが起きなくてはならないと思わせます。十キロ体重を減らさなくては、収入を増やさなくては、筋肉を鍛えて身体を作らなくては、ソウルメイトを見つけなくては、赤ちゃんができたら、本の出版が決まったら、セドナに移住できたら、夢の家をもたなくては、平和な気持ちはもてないと思わせます。欠落を超えた先に行ければ、そこは天国だ、と。しかし、もうおわかりの通り、一つの欠落を超えたら、またすぐに別の欠落が現れて、「あちら側に渡れば、そこは今度こそ天国だよ」と囁くのです。

たくさんの欠落を超える必要はなく、自分の完全性と共に内なる深い平和を見つけるのは、紛れもなく可能なことです。肉体を脱いで横に置く前であっても、天国に触れられます。たとえば、スピリチュアルな実践をしたり、ギフトを得たり、自分に喜びをもたらす活動に没頭したり、愛する人たちと共に居たりするだけで、私たちは今ここで、天国につながることができます。『奇跡のコース』の中の「なぜ天国を待つのですか?」という問いかけには、心を打たれます。幸せで居るために、死を待つ必要などありません。今すぐ幸せで居ましょう。そうすれば、後に迫ってくる死を打ち負かせます。

死後の命は存在しません。なぜなら、命は死に関係なく、ただ存在し続けるからです。常にそこに在るものの後には、代わりのものは何もやってくることができません。命がその表現の形を変えても、その形を通して表現されている命は存在し続けます。死後の世界についての憶測の全ては、今ここの人生から目を逸らさせるためのものです。ここでの人生にしっかりと存在しているなら、死後について何を迷うことがあるでしょうか。死の淵に近い体験に関心をもつ人がとても多いのは確かですが、「死」ではなく「生」により近い体験から学ぶことで、きっともっと多くのギフトを得られるでしょう。すでに亡くなっていても、多くの魂は今なお、私たちに語りかけていると言われています。死後、魂はどこにいくのだろうと心配するのはもうやめましょう。それよりも、この人生での魂の行き先を考えましょう。

『奇跡のコース』は、どんな瞬間においても、死が実在することはないと言っています。肉体に居る間は、私たちは生きています。そして瞬間的なシフトがあり、今度は肉体なしで生きるのです。そのシフトが起こっても、ここに居たあなたは、今まだ居るのです。

スピリチュアルな師であるラマナ・マハルシの死の床のかたわらで、弟子たちが泣いて、「師よ。どうか行かないでください」と言いました。すると彼は微笑み、こう答えたと言われています。「一体、どこに行けようか?」

あなたの魂はあなたのもとを離れることはありません。なぜなら、あなたはあなたの魂**そのも**

のだからです。死が訪れた時、肉体に入る前のかつての自分、すなわち、これから永遠の自分と共にあなたは行くのです。『奇跡のコース』の前書きには、そんなあなたの真実を、きちんとまとめてこう書いてあります。

実在しないものは脅かされない
実在しないものは存在しない
ここに、神の安らぎがある

究極の運命

二十世紀初め、フレデリックというヨーロッパ人の男性が、アメリカに旅する夢をもっていました。貯金を全額かき集め、船旅のチケットを予約し、海を渡る冒険の旅に出たのです。

船の中で、贅沢な食事をするような金銭的な余裕はないと考え、彼は自分でクラッカーとチーズを用意していました。他の乗船客たちが、凝った装飾が施されたダイニングルームで、ビロード張りの椅子に座り、品数も量も豊富なコース料理を楽しんでいるかたわらで、彼は船旅の間もたせなくてはならない切り詰めた食事をしながら、外のデッキに置かれた木製の椅子に座っていました。

ある日、乗船客の一人が通りかかり、つましい食事をしている彼に話しかけました。「君はどうしてここに座って、チーズとクラッカーを食べているんだい？」
「ダイニングルームでの食事は、僕には高価すぎるからさ」と彼は答えました。
するとと、乗船客は笑って、こう言ったのです。「知らないのかい？　食事も船代に含まれているんだよ」と。

彼はとても驚き、すぐにチーズとクラッカーを脇に置いて、豪華なダイニングルームに入っていきました。そこに在る全てを、彼は手にする資格があったのです。それから先の彼の航海が、はるかに楽しいものとなったのは、明らかですね。

私たちも、豪華な夕食の席に座る資格をもっているにもかかわらず、妥協して切り詰めたもので、人生を何とかしようとしています。本当に欲しているものではなく、手が届く範囲だと信じているものを目標にし､選択して生きています。魂を満たすものではなく､世の中が重要だと言ってくるものを見続けているのです。そして、最も素晴らしい運命とは、配偶者を見つけ、家庭をもち、会社の出世の最上段に上がること、あるいは大舞台でスポットライトを浴びることだと信じ込んでいます。これらの運命も、もちろん全て、それなりに意味をもっていますが、それでも私たちは、究極の意味をもつ運命を求めてやまないでしょう。その証拠に、この世のどんな目標達成よりも、偉大な目的があることに気づいている人たちも居ます。

最も素晴らしい運命とは、「自分は、神聖なる存在である」と知ることです。完全で、完璧で、祝福されていて、満ち足りた魂を、神から受け継いでいる存在だと知ることです。私たちは、本来の偉大なる「私」に還りたいと焦がれています。この物質界を通じての私たちの旅路は、ほんの束の間のことです。地球は私たちの故郷ではありません。この惑星をただ訪れているだけです。最終的には、この世界で見つけられない答えを探すことに疲れ、答えが住まう内なる場所へとたどり着きます。この世界とは何かを学ぶために、私たちは見知らぬ土地を旅していますが、結局、何も見つかりません。見せられている世界は、天国ではありません。地獄の要素が一つでもあれば、そこは天国ではないからです。しかし、マインドを変えることで、体験を通して、この世界を天国のような場所へと向上させることはできます。それは、自分が肉体ではなく、魂の存在だと知った時に起こります。他人や自分自身、神とのつながりが、分離の苦しい意識に取って替わる時です。天国は私たちが向かう場所ではありません。ありのままの自分の発見なのです。

そうなるまでの間、私たちは目の前のそれぞれの道を歩き続けます。親や教師、芸術家、起業家、介護士、友人、大工、プログラマーなど、あなたの魂が導く様々な役割を果たしながら……。あなたが呼ばれるものは、偶然ではありません。この世界には、あなたのための役割や場所があります。悟りを開くために、この世を去る必要もありません。悟りを開いた多くの人たちは、この世での人生にも、情熱的に参加しています。自分らしい才能や情熱、理想を表現したいという心の底からの願いを、決して否定したり、見下したりしてはいけません。あなたは理由があってここに居ます。それは、誰しもがそうであるように、とても重要で、しかも価値ある理由です。目立ったポジションに立つ人たちよりも、ひっそりと控えめに生きながらも、この世界に多くの癒しをもたらしている人はたくさん居ます。ですから、大切なのは重要な**何か**を行うのではなく、それを、**なぜどのようにして**行うのか、なのです。

複数の流れが一つの大きな河になり、やがてはそれが大海に注いでいくように、私たちの個人的な運命もまた、より偉大なる一つの運命へと流れ込みます。しかし、あなたはただ、次のステップさえ知れば良いのです。多くの人は、自分のすぐ前にあるものを見過ごし、まずは人生の目的を見つけようとして留まり続けます。問い合わせの電話をかけたり、ブログを書き始めたり、気になっている人をデートに誘ったりなど、一見すると小手先のことで、宇宙にはつながらないように思えます。しかし、全ては宇宙につながっているのです。偉大なる計画は、ありふれた日常の背後で動いています。人生とは、あなたが今立っているその場所で、すでに大切なものなのです。

自分に属さないものを押しつけてくる外側に騙されたり、失望させられたり、集中を削がれたりしないようにしましょう。あなたに自分の道を強いてくる人たちこそ、その道に従うべきはあなたではなく、**自分自身**なのだと気づき損ねているのです。不安をもつ人たちは、いつもその不安を広めることで、不安がないことにしようとします。家族や宗教、文化、カルトは、あなたを枠に留まらせるために、圧力をかけてくるかもしれません。その枠は、小さな自己の力では開きません。しかし、表現を求めて、魂は生まれ出たいと願っています。魂にその扉を開かせましょう。

英語の「permission（許可）」は、二語から造られています。「per」と「mission（使命）」です。「per」には、「〜に従って」という意味があります。運命を満たす許可を、自分に与えられれば、正しい軌道の上、使命に従って生きていけるでしょう。

あなただけの使命

あなたの運命を生きられる人は、たった一人、あなただけです。小さなマインドが生み出すごまかしや、他人との比較や競争に、心を奪われないようにしましょう。他人の運命は、彼らが彼ら自身の真実を生きているか否かを、観察して得られる学びを除いては、あなたには無関係です。あなたは自分がすべきことをしなくてはなりません。あなたにしかできないのです。たとえ前に誰も歩いたことがなくても、あなた自身の道を進む勇気をもちましょう。あなたが森を抜ける道をクリアに示せば、あなたに続こうとする多くの人たちへの道を開きます。理解を求めたり、期待したりしないことです。そして、目に見える明らかな結果がたとえ生まれなくても、がっかりしないことです。神への感謝と自分自身への感謝は、いずれはギフトとなってあなたに戻ります。新しいものに近づき、試すことを恐れる臆病な動物のような人は多く居ます。ですが、もしあなたの差し出すものが誠実で、スピリットにつながるものであれば、適切な人たちがあなたを理解し、あなたに賛同してくれるでしょう。たとえ、それが前例のないことであっても、関係ありません。あなたは、なすべきことをするのです。そして、それだけが神があなたに求めていることです。結果は、宇宙の手に委ねられます。点数をつけ続けることで、時間を無駄にするのはやめましょう。一番大切なスコア表は、人間の目では見えませんが、魂からははっきりと見えています。

大いなる帰還

全ての運命は、光に溶け入ります。いずれあなたは、「形あるもの全ては、何も意味がなかった」と理解できるでしょう。形あるものは、価値を見出せなくなると消えゆくのです。真の帰還の旅路を行くための乗り物として役立った肉体も、旅が完了すれば、もう必要とはされないのです。仏陀は、筏《いかだ》を例にとり、こう教えました。「川を渡るために筏は必要です。しかし、向こう岸に着いたら、筏は川の土手に置いていくものです。筏をそのまま引っ張っていこうとすると、水のないところでは単なる重い荷物にしかなりません。それよりは、また同じ川を渡ろうと、後々やってくる者のために、筏を置いていったほうが良いのです」と。

その時必要な目的を果たしたら、その後は手放しましょう。過去の歩みには意味があり、今立っている場所に、あなたは連れられてきました。ですが、いつかは全ての過去の歩みを後ろに置いて、「全て」が溶け入る先へと、大きく飛躍の一歩を踏まなくてはなりません。

神のもとへと還ることとは、自分のアイデンティティを失うことではありません。逆に全ての偽りのアイデンティティのもとを去って、真の自己を手にすることです。喪失は、エゴの前でのみ実在します。スピリットの世界においては、喪失などあり得ません。なぜなら、あなたは全てをもっていて、あなたそのものが全てだからです。真実でないものを全て取り去ったら、真実だけが残ります。パートナーやお金、仕事や家を探しているように思えても、実はあなたが探しているのは、愛であり、内なる豊かさであり、神聖な志を果たすことであり、スピリチュアルなホームです。この世の物事は、ただ神からのギフトを象徴しているだけなのです。ですから、物質では私たちを満足させることはできません。なぜなら、それは単なる象徴でしかないからです。運命は、私たちにそれらそのものではなく、それらが象徴している体験を手にしてほしいと望んでいます。

『奇跡のコース』は「全ての出来事における幸せの結果は、約束されている」と言っています。しかし、「じゃあ、あの子どもは亡くなったではないか」「あの人は身体が不自由なままだ」「たくさんの種が絶滅に瀕している」などと、私たちは反論します。形のある世界では、多くの結果は幸せであるとは言い難いものです。ですが、見かけ上の結果は、スピリットの世界における結果と同じではありません。それを理解するには、時間や空間、肉体に定義された世界を超える目をもって、「結果」を見なくてはなりません。たとえ命が不幸せな形にはめられているように見えても、肉体から命のきらめきが去ったように見えても、形や肉体がもつものより、はるかに多くのものが命にはあるのです。形や肉体を通して、命は表現をします。しかし、だからといって、それらは命そのもの、あるいは命の根源ではありません。

自分が霊的な存在なのかそうでないのか。これは私たちが最終的に下さなくてはならない決断です。もし肉体だけの存在なのであれば、苦しみの世界に留まることになり、苦しみが導く場所は墓しかありません。

しかし、霊的な存在であれば、この世の苦難は、私たちを威圧することはできないでしょう。

この世の戦場よりも、高く舞い上がれるのです。キリストは「あなたがたは世にあっては、患難があります。しかし元気でいなさい。私はすでにその世界に打ち勝ったのです」と言っています。キリストやその他のスピリチュアルな師たちは、彼らが到達した意識に、私たちも上がってくるように求めています。そして、その意識への大いなる飛躍は、行動ではなく恩寵によって成し得ることができます。私たちは、すでに自分に在るものは、手に入れる必要はありません。私たちへの神の愛は、無条件であり、永遠です。探している愛は、実は自分自身なのだと気がつけば、愛でないものは、全て消えゆくでしょう。

運命を達成するために、タイミングを待たないでください。今、立ち上がって始めましょう。真の旅路は、地平線上にではなく、上昇にあります。つまりは、地理的ではなく、精神的な旅路なのです。あなたの真の部分は、自分が「こう在りたい」と願う場所には、すでに到着しています。時間や行動は、すでに手にしている完全性から引き離すことで、私たちをうまく混乱させます。私たちは、「待って行動」しなくてはならないと信じていますが、本当は「存在して知る」ことが大切なのです。エゴが待って行動する一方で、スピリットは静かにしっかりと、完全な幸せの中に立ち続けます。取り入れるべき、欠けた部分など何もないのです。探しているものを、あなたはすでにもっています。達成したいと願うものは、あなたはすでにやり遂げています。なりたいと思う自分は、もうすでにあなた自身です。あなたの運命は、壮大な冒険の旅を始める前に、実はすでに満たされていたことを知り、出発地点に巡り巡って戻ります。しかし、旅路は価値あるものなのです。なぜなら、旅路を通じて、自分が永遠に不滅の魂の存在である真実を知って、あなたは帰還するのですから。

人生の全ては、自分自身を知るための招待状なのです。

謝辞

いつものように、私の最愛のパートナーであるディーに深い感謝を捧げます。どんな時でも私を後ろから支え、インスピレーションを促す書籍やそのアイデアを与えてくれます。あなたは本当に祝福そのものです！

リズ・ウィンター、アリッサ・フリーランド、ステファニー・ダーネルには、心から感謝しています。時間をかけて丁寧に本の編集を行い、私に貴重な意見と提案を与えてくれました。

また、書籍の中で完璧なデザインをしてくれた才能溢れるライアン・ベンダーと、驚くほど魅力的な表紙をデザインしてくれたエレーナ・カウロンパリにも、感謝の意を表します。彼らの素晴らしい才能と共同創造に、私はギフトをいただきました！

そして、あなた、読者の皆様が、この作品の中心です。ここに書かれているアイデアを受け取って実行していただき、あなたとあなたが出会う人たちの人生をより良いものにしていただけたら、この本の目的は達せられます。そして、そんなあなたを通して、癒しと喜びが広まり、世界が高まるようにと祈りながら、私の魂は満たされます。

訳者あとがき

「魂」という言葉には、有無を言わせない力があります。

「運命」という言葉にも、余計な表現を拒絶する力があります。

だからなのでしょうか。この二つをタイトルにもった本書を手に取ると、少し緊張した気持ちにさえなります。自分の知性の制御を超えた強い力に対して、私たちは知らず知らずのうちに、恐れを抱くものです。きっと、その恐れが、これらの言葉が示すものが本来もっている、深い愛へのアクセスを、わかりにくくさせているのでしょう。


スピリチュアルの学びを続けていくと、「宇宙は愛である」「人生は善なる方向性へと常に導かれている」という言葉をよく聞きます。それが真実である、と。

しかし、なぜかいつも、「そんな都合のいい話はないに違いない。それが真実という根拠はどこにもない」という声が、心の中から聞こえてきます。しかも、その声はもっともらしく響き続けるのです。

しかし一方で、ある時私たちはふと気がつきます。「それが真実である」という根拠もないけれど、同様に、「それが真実ではない」という根拠もないことに。その結果、全ては私たちの選択に委ねられるのです。どちらの信念を通してこれからを生きるか。ハッピーに生きるためには、自らどちらを選択すべきなのか。

もし、あなたが、まずは「真実」と共に生きてみようと選択するのなら、あるいは「真実」を信じられるかも、と少しでも思えるなら、是非この本を読んでみてほしいと思います。でも、もう今、本書を手にした時点で、真実に心を開く準備が整っているのかもしれません。それもまた、私たちが善へと導かれていることへの証明なのでしょう。

本書におけるアランの言葉は、本当に優しく、柔らかく、私たちをどこまでも安心させるものです。そして、今一度、真実を思い出しなさいと繰り返し語りかけてきます。

そして、不思議なことに、あれだけ猜疑心をもっていたにもかかわらず、彼が綴るストーリーを通して、たくさんの真実の根拠を見つけることができるのです。

それは、アランの語るその「根拠」が、体験を通して、今までの自分の人生の随所で感じてきた、愛そのものだからです。自分の体験そのものが、真実を物語る根拠となり、人生を力強く後押しする力になっていくプロセスを、本書を通じて、どうか楽しんでいただけたらと思います。

魂とは、強い力をもつ言葉です。運命も、抵抗できない強さを感じる言葉です。
しかし、それは私たちを苦しめるためではなく、愛と善、健全性、すなわち幸せへと導くための強さなのだと、アランは繰り返し教えてくれます。私たちが寄り道をしても、じっと待ち続ける忍耐と、正しい道を照らし続ける強さです。そして、その寄り道さえも、正しい道に変えてしまうほどの力です。

もし、深い叡智をもつ魂と共に生まれたのであれば、また、もしこの人生が魂によって導かれているものならば、もう人生の裏をかくことはやめようと、私は思います。他人の目を気にして、「自分はきっと何かが足りないに違いない」などと、否定的な思い込みにフォーカスをするのは、もうやめようと。その代わりに、人生が流れていくままを信頼しようと思います。手を伸ばしてつかもうとするのではなく、自然体の自分に向かって流れ寄ってくるものの中から選択すればよいのだと。私たちの選択の力によって、人生は開かれていくのですから。

リラックスして生きたいなら、自然体の自分を取り戻したいなら、そして内側の穏やかさと共に毎日を過ごしたいと思うなら、魂と運命の導きを知る方法を、本書から学んでください。本書はアランの体験を語りながらも、きっと私たち自身の体験にも語りかけてきます。そしてきっと、私たちは「うんうん」と頷くことでしょう。その感覚こそが、私たちがすでにもう「知っている」

証明です。

今はもうこの世を去った人たち、ペット、音信が途絶えた人、喧嘩別れした人……その誰もが「魂の契約」のもとで、自分の人生に欠かせない人たちであると理解できるに違いありません。そして、読み終えた頃には、皆さんにとって、この世界は敵ではなく、愛をもって応援し続けてくれるものに、きっと変わっているはずです。

著者アラン・コーエン氏、ナチュラルスピリット社の今井社長、編集者の佐藤よしえさん、アラン・コーエン日本事務局の皆さん、アランの生徒の皆さん、私の愛する家族、その他、魂の契約を通じて本書の出版に携わってくださった方たち全員に、心からの感謝と祝福を送ります。この素晴らしき本が、魂に引き寄せられて、届くべき方のもとへと、ゆっくりと確かに流れていきますように。

赤司桂子

■著者プロフィール

アラン・コーエン　Alan Cohen

これまでに数多くの著書を出版し、日本を含む世界30か国で翻訳されている。どれもが高い人気を得て、人々に啓発を与え、『今まででいちばんやさしい「奇跡のコース」』や『深呼吸の時間』をはじめ、その多くがミリオンセラー、ベストセラーや賞も獲得している。ニューヨークタイムズ紙の最高人気シリーズ『こころのチキンスープ』の共著者でもある。ヘイハウス社の人気ラジオ「Get Real」のパーソナリティもつとめ、番組を通して10年以上ライブで、リスナーにコーチングを行っていた。またFoundation for Holistic Life Coaching財団の理事長もつとめ、自ら世界各国のライフコーチの育成を手掛けている。

国際的に出版されている月刊雑誌コラム「From the Heart」にも寄稿。CNNなどの米国トップレベルのテレビやラジオ番組、USA Today、Washington Postなどの著名誌にも取り上げられる。

世界的ライフコーチとして「101 Top Experts that Make our Life Better」（より良い人生へと導くエキスパートトップ百人）の中にも名を連ね、「Finding Joe」をはじめとする多くのスピリチュアルドキュメンタリーにもプレゼンターとして出演している。『神との対話』の著者ニール・ドナルド・ウォルシュ氏、『聖なる予言』の著者ジェームズ・レッドフィールド氏、日本では『ユダヤ人大富豪の教え』の著者である本田健氏とも親交が深い。

その教えの深さと大きさから、多くのティーチャーもアランを訪ね、メンターのメンター「Mentor's Mentor」と呼ばれている。

ハワイ在住であるが、日本への講義活動は20年以上となり、ほぼ毎年来日し、ワークショップを開催している。世界中に卒業生をもつ、ホリスティックライフコーチ養成プログラムも、毎年日本で開催し、ライトワーカーとなるコーチの育成などを通して、癒しと共に、日本人のスピリチュアルな成長を長期的に、積極的にサポートしている。

スピリットファースト/アラン・コーエン日本事務局：http://spiritfirst.com/

■訳者プロフィール

赤司桂子（アカシケイコ）

福岡県出身。東京都在住。聖心女子大学英語英文学科卒業後、米国ワシントン州シアトル大学コミュニケーション学部に編入、学位取得。帰国後、英会話講師、外資系弁護士事務所、外資系海外不動産投資会社などで国際業務を経験。23年間の会社員生活ののち、自分の喜びに従うことを決意し、退職。その後まもなく、ふと目にしたアラン・コーエン認定ホリスティックライフコーチ養成プログラムの募集に直観に導かれて受講し、日本第五期の卒業生となる。現在は、ライフコーチ（桜水現実〈おうすいうつつ〉https://ameblo.jp/oosui）として活動しつつ、同プログラムのアシスタントティーチャーの一人として、コーチの育成のサポートも行っている。また、同氏の日本での活動の窓口であるスピリットファースト／アラン・コーエン日本事務局の代表として、プログラムの主催、テキストの翻訳やエッセイ記事翻訳を行っている。文鳥とワインを愛し、美味しい食事と共に毎日を楽しんでいる。

魂と運命

●

2024年11月1日　初版発行

著者／アラン・コーエン
訳者／赤司桂子

装丁／斉藤よしのぶ
編集／佐藤よしえ
DTP／伏田光宏

発行者／今井博揮
発行所／株式会社 ナチュラルスピリット
〒101-0051 東京都千代田区神田神保町3-2 高橋ビル2階
TEL 03-6450-5938　FAX 03-6450-5978
info@naturalspirit.co.jp
https://www.naturalspirit.co.jp/

印刷所／中央精版印刷株式会社

ISBN978-4-86451-492-7 C0010